KARL RIHA

COMMEDIA DELL'ARTE

MIT DEN FIGURINEN MAURICE SANDS

INSEL

Insel-Bücherei Nr. 1007

FÜR INGEBORG

Inhalt

I

DIE FIGUREN DER COMMEDIA DELL'ARTE

Coviello (1550)

Pantalone (1550)

Harlequino (1570)

Brighella (1570)

Il Capitan Spavento (

Fritellino (1580)

Pagliaccio (1600)

Tartaglia (1620)

Giangurgolo (1625)

Il Dottore Baloardo (1653)

Arlechino (1671)

Mezzetin (1689)

Colombine (1683)

Pulcinella (1685)

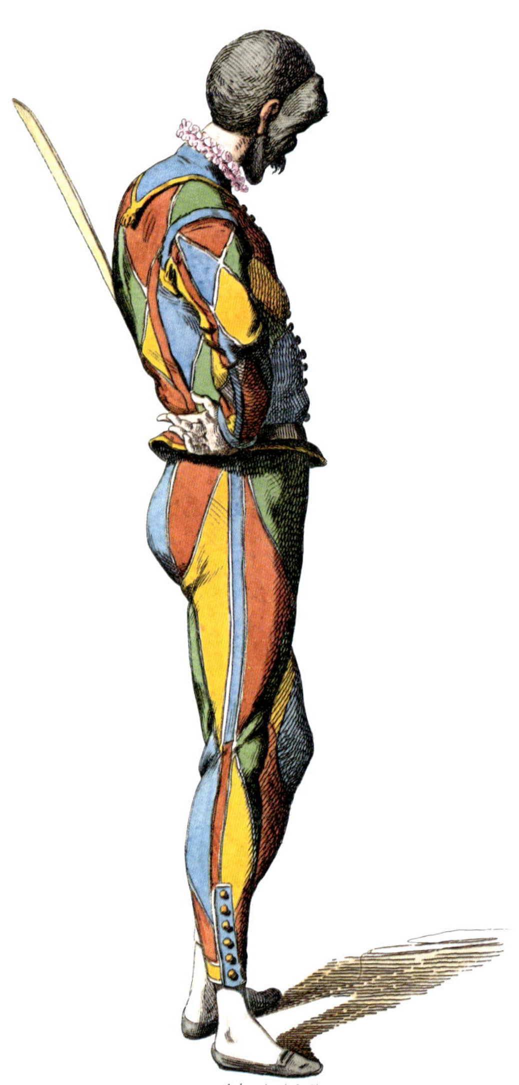

Arlequin (1858)

BESCHREIBUNGEN

COVIELLO – seiner genauen Herkunft nach unklar, in der Beschreibung und Beurteilung widersprüchlich; nach einem alten italienischen Sprichwort ist Coviello ein Dummkopf, der furchtbar prahlt; wahrscheinlich auf joculatorische, also artistische Traditionen, die der Commedia dell'arte vorgelagert sind, zurückgehend; daher der erste Zanni unter den neapolitanischen Masken, aber auch Imitation eines süditalienischen Zanni-Typus in der norditalienischen Commedia dell'arte, hier das ›wirkliche Leben‹ dieser Figur verzerrend, ganz auf freche Schamlosigkeiten in den Tanzbewegungen und zweideutige Frivolitäten in den Gebärden festgelegt; früh mit Pulcinella zu einem festen Paar verbunden, gemeinsame Sache mit ihm treibend, ihm zunächst übergeordnet, später von ihm überflügelt, in der Nachwirkung weniger reich und bunt; voll Mutterwitz, schlau, mit scharfem Verstand, Anzettler raffinierter Schwindeleien und Verwicklungen; in der Regel Diener, aber oft Träger unerwarteter Rollen in auseinanderliegenden Spielzusammenhängen; Mandolinenspieler; als Tänzer zu grotesken Körperstellungen der Art tendierend, wie sie anfangs des siebzehnten Jahrhunderts Jacques Callot in seinen *Balli di Sfessania* (Fescennische Tänze) festgehalten hat; Mitte des siebzehnten Jahrhunderts vom Maler- und Dichterrebellen Salvatore Rosa als Aufhänger für seinen verwegenen Protest gegen staatliche Ordnung, Kirche und Aristokratie aufgenommen und zum Signor Formica geformt; Molière faßte ihn als Knecht im Sinne Scapins, seinem Herrn Wort für Wort nachplappernd; im Marionettentheater als Capitano mit stark verändertem Kostüm: schwarzer Hut mit drei roten Federn, mit Wehrgehänge und Schwert.

PANTALONE – eine der zentralen Masken-Figuren der Commedia dell'arte, in den Grundzügen wohl von Giulio Pasquati, einem Schauspieler aus der Truppe der *Gelosi* entworfen, konstanter Typus, im Detail vielfach variiert; vom Dialekt und Kostüm her venezianischer Kaufmann, dem Namen nach wahrscheinlich aus ›pianta leone‹ als Spottbezeichnung für eben jenen Berufsstand abgeleitet, der bis dahin in aller Welt Handel getrieben und die Löwenfahne des heiligen Markus gehißt hatte, mit dem wirtschaftlichen Niedergang Venedigs aber in die Rezession geraten war und nun als Ersatz mit der Eroberung wilder Küstenstriche und kleiner unbewohnter Eiländer vorlieb nehmen mußte, um weiter von ›großen Taten‹ berichten und der Signoria imponieren zu können; schon etwas fortgeschritten in den Jahren, ein Mann in ›Würde‹ und ›Ansehen‹, respektabel, kraftvoll, später meist kränklich, vom Zipperlein geplagt, hinkend, stöhnend, von Magenbeschwerden gequält, sich plötzlich ins Kreuz greifend, um sofort wieder die elegant und grazil gemeinte Pose zu suchen; trotz aller Unpäßlichkeit munter auf Liebschaften aus, ewig lüstern und hier bisweilen unvorsichtig und verschwenderisch; Junggeselle, Witwer, aber auch verheiratet, bei jungem Weib oft in Gefahr, von jüngeren Liebhabern Hörner aufgesetzt zu bekommen; als Vater einer ins Heiratsalter geratenden Tochter ein Ausbund an Mißtrauen und strenger Aufsicht, die jedoch hinters Licht geführt wird; meist knausrig und auf Geldvorteile aus; wo es auf den Geldinstinkt ankommt, gerieben; hält sich für allen anderen überlegen, durchschaut auch allzu plump angelegte Intrigen, ist aber, wo man auf seine Eitelkeit abzielt, leichtgläubig und wird daher das Opfer von Dirnen, Dienern und selbst des eigenen Sohnes; er überschätzt seine Macht und hat oft Schläge einzustecken; findet er sich übertölpelt, überlistet, unterwirft er sich dem ›Gang der Dinge‹ und gibt sich – zum guten Ende – sogar als dessen heimlicher Arrangeur aus.

ARLECCHINO – Spezifizierung der Zanni-Figuren der frühsten Commedia dell'arte, die sich ihrerseits aus den Masken volksverbundener, lebenslustiger Karnevalsbuffoni entwickelt hatten; dem Namen nach abgeleitet aus der bereits Anfang des zwölften Jahrhunderts nachgewiesenen Teufels-Benennung Hellequin oder Herlequin für den Anführer der ›Wilden Jagd‹; in Dantes Inferno quält ein Höllenteufel namens Alichino die armen Seelen der Verdammten mit der spitzen Heugabel; aus dieser Abstammung das ursprünglich zerlumpte, aus Flicken zusammengesetzte und schließlich aus verschiedenfarbigen, geometrisch exakten Stoffdreiecken und -rhomben gebildete Kostüm Arlecchinos; auf der zunächst zottigen, dann glatten Maske hat sich als ein Rest geschrumpfter Teufelshörner eine Beule erhalten; seiner sozialen Herkunft nach einer jener Bauern aus Bergamo, die während des sechzehnten Jahrhunderts zu tausenden in die Städte und dort in fremde und niedrige Dienste gehen mußten, meist als Lastträger; daher die eingeschwärzte Gesichtsfarbe bzw. schwarze Gesichtsmaske; aus dieser markanten Verquikkung des teuflischen, durch Karnevalsbräuche popularisierten Namens mit der Maske des bergamaskischen Zanni erstmals zum Ende des sechzehnten, zu Beginn des siebzehnten Jahrhunderts in der Truppe der *Gelosi* durch Simone da Bologna und – hauptsächlich in Paris – durch Tristano Martinelli auf die Bretter gestellt; hier durch Stilisierung dem französischen Geschmack angepaßt und so an spätere Nachfolger wie Domenico Biancolelli, der durch sein großartiges Spiel den Typus als durchtriebener Spaßvogel fixierte, weitergegeben; wie Brighella und oft mit diesem gemeinsam aktiv die Intrige vorantreibend; aber im Charakter unterschieden, nicht so geschickt und wendig wie Brighella; in seiner komischen Hilflosigkeit, die ihn oft wie ein großes Kind erscheinen läßt, schwebt er gleichsam über der Wirklichkeit; geht, ohne eigentlich ungeschickt zu sein, an viele Dinge falsch heran und wird deshalb häufig gestraft, meist durch Prügel; macht oft den zweiten und dritten Schritt vor dem ersten, handelt impulsiv, aus Gefühl und Laune heraus, und muß beständig dafür büßen; läßt sich aber seine Spaßhaftigkeit und freundlich-naive Weltanschauung nicht rauben; entwikkelte deshalb die Fähigkeit, sich geschickt und glücklich aus brisanten Situationen herauszuziehen; gewitzt und geistreich; erhält in seiner späteren Laufbahn sogar einen philosophischen Einschlag; in der Liebe leicht entflammbar und leidenschaftlich; mit einer Schwäche für Soubretten und dem Hang zu gemeinsam angezettelten amourösen Affären; findet in weiteren Entwicklungen der Commedia dell'arte zahlreiche Filiationen und erlaubt unter Namen wie Truffaldino, Pasquino, Tabarino, Gradellino, Mezzetino, Traccagnino oder Frittelino individuelle Auffassungen der Maske; als Pilotfigur der italienischen Wandertruppen auch mit Wirkung aufs deutsche und österreichische Theater; hier mit parallelläufigen nationalen Gestalten wie Hans Wurst und Pickelhäring verschmolzen; Vorbild Stranitzkys, der das Wiener Volkstheater begründete; im neunzehnten Jahrhundert noch einmal Held des Marionettentheaters; von Pablo Picasso aufgegriffen als Motiv der modernen Malerei.

BRIGHELLA – erste der beiden Zanni-Figuren der älteren, norditalienischen Commedia dell'arte; seit 1571 als Maske nachgewiesen; erste bedeutende, die Gestalt prägende und ihr zusätzliche Namen liefernde Darsteller waren Niccollò Barbieri-Beltramo, der abwechselnd den Truppen der *Confidenti* und der *Gelosi* zugehörte, Carlo Cantù, genannt Buffetto, und Francesco Gabrielli-Scapino; gibt aus seinen Ursprüngen heraus den schlauen, aus Bergamo gebürtigen Bauern ab; daher die ländliche Tracht, erst später in die Livree hinübergezogen; oft mit Gitarre; zu akrobatischen Kunststücken fähig; Diener in unterschiedlichen Diensten, doch Verächter aller Unterwürfigkeit; zu vielerlei Geschäften geschickt, wendig; eingefleischter Gegner Pantalones und Dottores, wo immer es geht; mit Arlecchino Anzettler zahlreicher, oft ausgeklügelten Intrigen; allen Situationen, die auf ihn zukommen, gewachsen; führt die Handlungsfäden, zurrt sie und gibt sie frei; redegewandt, stets schlagfertig, scheut kräftige Worte nicht; unerschöpflich in lustigen Einfällen; gelegentlicher Aufschneider; bissig und sanft, um sich – je nach Lage der Dinge – Vorteile zu verschaffen, häufig in klingender Münze, deshalb der Geldbeutel an seinem Gürtel; in diesem Drang auch vom ›rechten Weg‹ abweichend, in Eigentumsvorbehalten nicht allzu heikel; mutig, durch nichts ins Bockshorn zu jagen; fürchtet weder Gott noch Teufel – und schon gar nicht seinen jeweiligen Herrn, dem er in einer Art Ballance des gegenseitigen Nutzens verbunden ist, was nicht hindert, ihn übers Ohr zu schlagen; in Lebensgefahr gerät, wer ihn beleidigt; stark im Haß; deshalb der spitze, scharfe Dolch im Gürtel, der später – bei gemildertem Naturell – durch ein Holzinstrument ersetzt wird; so geschwächt, überlebt er im Gegensatz zu Arlecchino die Ära der Commedia dell'arte nicht.

CAPITANO – Nachfahr der antiken Komödie, des Miles gloriosus bei Plautus, den die Humanisten des fünfzehnten und sechzehnten Jahrhunderts wiederentdeckt hatten; verkörpert aber aktuell den Protest des italienischen Volkes gegen die nach 1559 einsetzende spanische Fremdherrschaft in Italien; der Beiname Spavento bedeutet ›Schrekken‹; hieß aber auch Matamoros, also ›Maurentöter‹; Rinoceronte, also ›Nashorn‹, Sangre e Fuego, also ›Blut und Feuer‹, einfach bombastisch Escarabom-Baradon di Pappirotanda oder – bei Andreas Gryphius – Horribilicribifax, mit vollem Titel: Capitain Daradiridatumtarides, Windbrecher von Tausendwind; in ihm vereinigen sich Hochmut, Habgier, Grausamkeit und vor allem Prahlsucht, hinter der nichts steckt; ein Maulheld, der seine Feigheit kaschiert; stellt sich gern in großsprecherischen Tiraden vor, die man nach einem bei Bojardo und Ariost auftretenden Ritter Rodomontaden nennt; sein Körper ist eine Festung, seine Brust ein Schutzwall, seine Hände sind zwei Kanonen, seine Stimme ist der Donner, seine Waffe der Blitz; sein Grimm ist furchtbar, kein Gegner, der ihm gewachsen wäre; mit einem einzigen Schwertstreich fällt er ganze Armeen; er hat Herkules, Alexander, Hannibal und alle einigermaßen renommierten römischen Feldherren besiegt; gerade die Dame des Herzens erweist sich aber nur zu oft als uneinnehmbare Festung: »Der große Chach Sefi von Persen erzittert, wenn ich auf die Erden trete. Der türkische Kaiser hat mir etlich mal durch Gesandten eine Offerte von seiner Kron gethan. Der weitberühmte Mogul schätzt seine retrenchemente nicht sicher für mir. Africa hab ich vorlängst meinen Cameraden zur Beute gegeben. Die Prinzen in Europa, die etwas mehr courtese (haben), halten Freundschaft mit mir, mehr aus Furcht als wahrer affection. Und der kleine verleckerte Bernhäuter, der Rappschnabel, ce bugre, ce larron, ce menteur, ce fils de putainy, ce traistre, ce faquin, ce brutal, ce bourreau, ce Cupido, darf sich unterstehen, seine Schuch an meinen Lorberkränzen abzuwischen. Ha, ma déesse! merville de monde, adorable beauté! Unüberwindliche Schöne, unvergleichliche Selene, wie lange wollt ihr mich in courtegarde eurer Ungunst verarrestiret halten?«; ein beigegebener Diener steigert ihn in seinen Heldenerzählungen, relativiert sie aber auch, indem er sie ironisch kommentiert; in Wirklichkeit eine arme Haut, der es oft am Lebensnotwendigsten fehlt, von Natur aus feige und daher allen wirklichen Herausforderungen aus dem Weg gehend, kneift, wenn er zum Duell gebeten wird, und bezieht Prügel, wenn er Reißaus nehmen möchte; und statt des Lohns erhält er den Spott der Dame; in der Truppe der *Gelosi* gab Francesco Andreini den Capitan Spavento della Valle inferno, die große Popularität der Rolle veranlaßte ihn 1607 zu dem Buch *Le bravure del Capitan Spavento* (Die Heldentaten des Capitan Spavento), in dem die szenischen Improvisationen dieses Aufschneiders und Renommisten festgehalten sind; später unter dem sprechenden Namen Giangurgolo (Großmaul) ebenfalls als Mischung aus Aufschneider, Lügner, Angsthase und armer Hungerleider gezeichnet; lebt zeitweise vom bloßen Geruch des Essens, den er durch seine große Nase einzieht; lädt man ihn zu Tisch, ist sein Magen ein einziges Loch; er würde für ein paar Löffel Suppe oder einen Teller Maccaroni die tiefsten Erniedrigungen über sich ergehen lassen;

trotzdem sa[illegible]r von sich: die Erde erzittert, wenn ich sie betrete.

FRITELLINO – auch Gian-Fritello, Fritelin oder Fristelin genannt; mit seinem Federhut in Form einer übergroßen, schildmäßig nach vorn gezogenen Mütze zentraler Commedia-dell'arte-Typus in Jacques Callots *Balli di Sfessania*-Radierungen um 1622, dort mit zahlreichen Abarten und Brechungen wie Gian-Farina, Franca Trippa, Scapino, Metzetin oder Fracasso, zu dessen Schwerttanz er mit der Mandoline aufspielt; seinem Kostüm nach Abkömmling aus der fruchtbaren Familie der Zanni-Figuren; als Diener häufig einem Capitano zugeordnet, dessen Heldentaten und Liebesabenteuer er begleitet und freiwillig wie unfreiwillig konterkariert, dabei oft seltsamen, ihn in prekäre Situationen bringenden Abenteuern ausgesetzt, die nicht selten für ihn mit Prügel enden; mit der braunen, durch einen hochgezogenen Schnurrbart gezierten Gesichtsmaske, dem weiten, durch einen Gürtel gerafften Leinenhemd, den dito weiten und etwas zu großen Hosen ein Verwandter Pulcinellas, dem er auch im Naturell ähnelt; wie dieser mit einem schartigen Holzschwert ausgestattet, das auf fechterische Auseinandersetzungen, allerdings mit meist wenig siegreichem Ausgang, verweist; sein ganzes Leben kreist um seinen immer leeren Geldbeutel; als Konkurrenz zum Arlecchino der *Gelosi* in der Truppe der *Accesi* dargestellt durch Pietro-Maria Cecchini, der 1613/4 in Wien und Linz gastierte und hier für die Begeisterung, die er weckte, ein Adelspatent erhielt; trat zeitweise auch direkt an die Stelle Arlecchinos und löste ihn in einzelnen Stücken ab, verlor ihm gegenüber aber im weiteren Verlauf des siebzehnten Jahrhunderts an Bedeutung; in Frankreich eben als Fritelin oder Fristelin eine der Dienerrollen in den Farcen Tabarins.

PAGLIACCIO – sprachlich abgeleitet aus ›paille hachée‹ (zerhacktes, gehäckseltes Stroh) oder ›bajaccia‹ bzw. ›bajaccio‹ (arge Spötterei bzw. arger Spötter); hat, was die weiße Gesichtsmaske und/oder das weißgemehlte Gesicht angeht, Vorläufer in entsprechenden Karnevalsbuffoni, perikulösen Springern, die durch bizarre Bewegungen und Fratzenschneidereien das Publikum zum Lachen zu bringen suchten; in dieser Hinsicht bewußt gegen den schwarzgesichtigen Pulcinella gesetzt, als dessen bloße Variante er zunächst erscheint; das weißleinene Zanni-Gewand ist ihm freilich zu groß geraten; tauchte zuerst in der Gruppe des Alberto Ganassa auf, die um 1570 durch Italien, Frankreich und Spanien zog; ein Verwandter Bertoldos, Pedrolinos, des treuherzigen, ehrlichen Dieners, und später Pierrots, der sich in seiner Eigenart ganz mit dem französischen Théâtre italien entwickelte, zu einer Lieblingsgestalt Watteaus wurde und schließlich im Übergang zur Moderne romantische Züge annahm und sich mystifizierte; dem Grundzug nach unbesonnen, stupid und ungeschickt; tolpatschiger, dummer Knecht; gelegentlicher Gehilfe des Jongleurs, den er plump und immer fehlschlagend nachzuahmen versucht; überhaupt linkischer Nachäffer, zu Imitationen anderer Figuren tendierend, im Mißlingen der Imitation oft mit Prügel gestraft; in Worten kühn und zu allerlei verwegenen Taten bereit, in Wirklichkeit der größte Feigling unter der Sonne; rafft er sich zu einer couragierten Tat und einigem Elan auf, kann man sicher sein, daß er dabei ausrutscht und womöglich seinen Herrn noch mit zu Fall bringt; rivalisiert in Liebesdingen mit Arlecchino – oft um die Gunst Colombines –, hat aber bei ihr nicht dieselben Chancen wie Pierrot, der seinerseits Arlequin oft aussticht.

TARTAGLIA – in ihren Grundzügen anfangs des siebzehnten Jahrhunderts konzipierte, ganz vom Stottern her entworfene Figur der süditalienischen Commedia dell'arte; meist als Beamter – unterschiedlicher Behörden – herausgestellt, als Polizist, Richter, Notar, Steuereintreiber, aber auch als Apotheker, Gastwirt und als Knecht in untergeordneten Diensten; damit ein Pendant zu den norditalienischen Zanni-Figuren; bereits fortgeschritteneren Alters und in dieser Hinsicht den im Süden unbekannten Rollen des Pantalone und Dottore verwandt; fett und untersetzt, aber auch hager und mager, mit einer Nase, die an den Schnabel eines Raben denken läßt; quasi als Maske stets mit einer gewaltigen Brille ausgestattet, die den größten Teil seines Gesichts verdeckt; er leidet an Augenentzündungen – und echter wie übertragener Kurzsichtigkeit; sein hoffnungsloser Kampf mit dem Sprachfehler macht ihn boshaft, wild gegen sich und andere, trägt komische Züge; findet er wirklich einmal das rechte Wort, fällt er darauf wie ein schweres Gewicht; er setzt zu bedeutsamen Reden an, verheddert sich aber immer wieder heillos und nähert sich in seinen Artikulationen unverständlichem Gestammel an; gerade das aber gibt ihm Gelegenheit zu allerlei – wirklich unaussprechlichen – Witzen und Zoten; auch mit der Tendenz zu politischen Anspielungen und satirischen Ausfällen – gegen die spanische Herrschaft, die sich, ohne den Stotterer recht greifen zu können, in ihrem Regiment getroffen sah; deshalb in der Hauptwirkung auf Neapel und das siebzehnte Jahrhundert beschränkt; bei Gozzi als abstrakte Maske wiederaufgenommen und auf beliebige Rollen bezogen; in Frankreich nur Randfigur: ein dummer, stark häßlicher Tolpatsch, der dem Zuschauer nur ein spöttisches Lächeln abfordert.

DOTTORE – in den ersten Umrissen Mitte des sechzehnten Jahrhunderts von Lodovico Bianchi aus der Truppe der *Gelosi* entworfen, hier im französischen Kostüm aus der Mitte des siebzehnten Jahrhunderts; trägt den schwarzen Mantel und die weiße Halskrause des Bologneser Juristen; seltener auch Arzt; verfügt über rhetorische Schulung, drischt aber meist leeres Stroh und dreht sich mit seiner Rede im Kreise; charakteristisch folgende Vorstellung: »Florenz ist die Hauptstadt der Toscana; in der Toscana entstand die Kunst der Beredsamkeit; Cicero war der König der Beredsamkeit; Cicero war ein römischer Senator; Rom hatte zwölf Cäsaren; zwölf Monate hat das Jahr; das Jahr teilt man in vier Jahreszeiten; die Zahl der Elemente ist gleichfalls vier – Luft, Wasser, Feuer und Erde; die Erde wird mit Ochsen gepflügt; die Ochsen haben ein Fell; gegerbtes Fell wird zu Leder; aus Leder macht man Schuhe; Schuhe zieht man an die Füße; die Füße dienen zum Laufen; beim Laufen bin ich gestolpert, und stolpernd kam ich her, um euch zu begrüßen«; der vielstudierte Mann ist eine wahre Zitaten- und Sentenzenlawine, er spickt seine Rede ständig mit lateinischen Gelehrsamkeitsbrocken, ist aber im Grunde ein Schwätzer und verfügt lediglich über ein kollagiertes Wissen voller Ungereimtheiten; als Anwalt bringt er durch Langatmigkeit und Umständlichkeiten das Gericht zum Einschlafen und verwirkt durch Fehlschlüsse etc. die Chancen seiner Mandanten; als Arzt tendiert er zu hanebüchenen Befunden und Rezepturen; in der Verknüpfung des beruflichen Moments mit menschlichen Eigenschaften wie Geiz und Eitelkeit ähnlich wie Pantalone angelegt, wie dieser trotz Bauch und fortgeschrittenem Alter ständig zu Liebschaften aufgelegt; aber trotz dieser Charakternähe immerfort mit Pantalone im Streit, oft aus unerfindlichen Gründen, während sich die Kinder der beiden Streithähne heimlich lieben; ein willkommenes Opfer der tausend Streiche Arlecchinos oder Colombines; nimmt gern einen Schluck, das zeigen seine beiden kreisrunden roten Bäckchen.

MEZZETTINO – der Wortbedeutung nach ›halbes Maß‹; eine der unmittelbaren Parallelfiguren und Varianten Brighellas, die sich früh ausbildeten; trug zunächst die weiße leinene Bluse und Hose, die Gesichtsmaske, den Hut und das Holzschwert der Zanni, wich also bei gleichem Kostüm lediglich im Namen ab; Ende des sechzehnten Jahrhunderts von der Truppe der *Gelosi* kreiert, bald in Italien besonders populär; neu konzipiert, speziell auch im modischen rot-weiß-gestreiften Gewand, durch Angelo Constantini, als er 1683 Dominique Biancolelli in der Rolle des Arlequin vertrat; beibehalten, da die Truppe keinen zweiten Zanni ausgebildet hatte; agierte weiter als Mezzetin, als er nach dem Tode Dominiques dessen Rolle übernahm, bis zur Schließung des Théâtre italien im Jahre 1697; von dunkler Gesichtsfarbe, grazil und äußerst agil, kühn und unternehmungslustig, charmierte er das Pariser Publikum derart, daß es die Ablegung der Gesichtsmaske von ihm verlangte; nahm unter diesem Namen die bekannten Eigenschaften Brighellas, Beltrames, Scapins etc. auf; ein rechter Schurke; brutal; hinter vordergründiger

Höflichkeit und Zutraulichkeit schlägt ein kaltes, skrupelloses Herz; versteht sich aufs Guitarrenspiel, kann singen und tanzen, tritt auch in allegorischen Verkleidungen, in Zwischen- und Schlußballetten auf; die späteren Lebensschicksale führten Mezzetin-Constantini auf Einladung Augusts I. nach Polen, wo er zunächst zum intimen Cameriere (Schatzmeister der Vergnügungsmahlzeiten) ernannt und geadelt, dann aber für zwanzig Jahre ins Gefängnis geworfen wurde, weil er sich mit der Mätresse des Königs eingelassen hatte; begnadigt und freigelassen, feierte er, als fünfundsiebzigjähriger Greis nach Paris zurückgekehrt, in der alten Maske noch einmal einen überwältigenden Publikumserfolg.

COLOMBINA – wie Betta, Franceschina, Diamantina, Marinetta, Smeraldina etc. weibliche Korrespondenz der männlichen Zanni-Figuren Brighella und Arlecchino; in den Vorbildern der älteren Commedia dell'arte bäuerlicher Herkunft, heiter, sich selbst behauptend, aber auch satirisch als naiv gekennzeichnet, dann eingestädtert und in Paris zur listigen, kein Blatt vor den Mund nehmenden Zofe einer adligen Herrin umgeformt; erste Trägerin dieses aus ›colomba‹ (Taube) abgeleiteten Namens war nach 1560 Teresa Biancolelli; die Rolle hielt sich über vier Generationen in dieser Familie und gewann hier ihre spezifische Kontur; die bedeutendste Verkörperung gab ihr Caterina Biancolelli, eine Schülerin Molières, die 1683 im *Arlequin Proté* (Arlequin Proteus) debütierte: sie war klein von Gestalt, brünett, ein wenig dunkelhäutig und in ihrem Spiel hinreißend; wie die Zanni – und oft in gemeinsamer Sache mit ihnen – aktiv ins Intrigenspiel verwickelt; versteht sich aber nicht nur aufs Inszenieren, sondern auch aufs Verwischen von Intrigen; Auftritte in zahlreichen Verkleidungen und in ihnen Verwirrung stiftend, einmal als Soubrette, dann als Kavalier oder junges Mädchen; löst in ihrer weiblichen Schläue die kompliziertesten Verwicklungen, findet Auswege im vertracktesten Augenblick, versteckt den Liebhaber ihrer Herrin und stellt sich auch sonst schützend vor sie, sagt ihr aber auch unverblümt die Wahrheit: »Heiratet man etwa einen reichen Mann zur Liebe?«; selbst meist in Arlecchino verliebt, der es aber mit der Treue nicht so genau nimmt; also immer wieder – sogar mit Schlägen – hinter Arlecchino her, bis dieser aufgibt und sich ins Joch der Ehe fügt.

PULCINELLA – »Schaut mich an! Ich habe mehr als jeder andere ausgestanden; meine Beulen und mein Herz haben sich aber verhärtet. Ich bin das Lachen in Person, das triumphierende Lachen, das schadenfrohe Lachen... Ich bin aus Holz und Eisen, ich bin so alt wie die Welt«; es gibt zahlreiche Vermutungen über den Ursprung dieser süditalienischen, im Gefolge der norditalienischen Commedia dell'arte entstandenen Maskenfigur; sie wird zum einen aus den volkstümlichen Atellanen der römischen Antike, zum anderen aus dem Namen des Schauspielers Puccio d'Agnello abgeleitet, der als Bauer mit flinker Zunge zu einer wandernden Komödientruppe gestoßen sei und von der Straße weg diesen Typus geschaffen habe; in Aussehen und Charakter endgültig festgelegt durch Silvio Fiorillo und Andrea Calcese (Ciuccio), dem eine perfekte Imitation der Bauern um Neapel nachgesagt wird; Maske und Kostüm bald danach in Neapel als Karnevalskostüm so populär, daß es überall in der Stadt von allerlei Pulcinelli nur so wimmelte, die sich unter der Larve freche und schamlose Späße herausnahmen; später überall in Europa verbreitete Lustspielfigur, die der ganzen Gattung den Namen gab, mit zahlreicher Nachfolge; ist dumm, faul, gefräßig, erweist sich punktuell aber auch als klug, gewandt und durchtrieben; Egoist im wahrsten Sinne des Wortes; fürchtet weder Gott noch Teufel; tritt in den unterschiedlichsten Berufen auf, als Gärtner, Bäcker, Diener, Handelsmann, Maler, Poet, aber auch als Soldat, Schmuggler, Dieb und Räuber; meist verheiratet und mit einer Schar von Kindern gesegnet; als Ehemann eifersüchtig, brummig, doch letztlich geprellter Tyrann; die herausstechende Hakennase ist sein physiognomisches Erkennungszeichen; bei seiner wenig imponierenden äußeren Erscheinung fragt man sich, wie es ihm doch immer wieder gelingt, beim schönen Geschlecht Erfolge zu erzielen, oft gar nicht aufs Herz, sondern auf die Schatztruhe der Dame zielend.

AMOROSI – die Verliebten, deren ernst aufgefaßte amouröse Beziehungen den Ausgangs- und Zielpunkt aller dramatischen Verwicklungen abgeben; daher von zentraler Bedeutung für alle Aufführungen und von großer Attraktivität für das zeitgenössische Publikum; entsprechen im Ursprung den jugendlichen Helden der Commedia erudita (gelehrten Komödie) des frühen sechzehnten Jahrhunderts und zeitlich parallel zur Entfaltung der Commedia dell'arte, speziell in der Bindung an die auf wahrer Empfindung basierende, idealisierende Liebesdoktrin; treten stets ohne Gesichtsmasken auf; tragen unterschiedliche, mit den Darstellerinnen und Darstellern wechselnde Namen wie Isabella, Flavia, Aurelia, Silvia, Flaminia, Cintia etc. für den weiblichen (Comica innamorata),

Flavio, Lelio, Orazio, Cintio, Ottavio, Leandro etc. für den männlichen Typus (Comica innamorato); hier wie dort Entfaltung in konträre Richtungen möglich: als heroisch-stolze, kalt-ironische, sich den Partner unterwerfende oder weich-anschmiegsame, zärtlich-romantische, schutzbedürftige Liebhaberin bzw. als Abenteuer suchen-

der, lebenslustig-dynamischer, auch unverschämter oder schüchtern-bescheidener, wenig wagemutiger und daher leicht verschreckbarer Liebhaber; immer prunkvoll, nach der Mode der Zeit gekleidet; durch Ausstattung des Kostüms und Schmuck der gesellschaftlichen Oberschicht zugewiesen; in diesem Sinne durch repräsentatives Verhalten, durch Förmlichkeiten, durch Wahrung der Etikette geprägt; artikulieren sich im Gegensatz zum Dialekt der Zanni-Figuren, zur Sprachkomik Dottores und zur sprachsatirischen Anlage Pantalones etc. in der Literatursprache, also im reinen Toskanisch, und bedienen sich einer vornehm-eleganten, mit Petrarkismen durchsetzten, im Verfall affektierten, hohl-rhetorischen Ausdrucksweise; in den Monologen und Dialogen zu concettihaften

Wendungen neigend, die in der späteren Geschichte der Commedia dell'arte als erstes verschriftlicht und damit aus der Improvisation des Stegreifspiels herausgelöst wurden; verkörpern die erhabene, die edle, eine geheime erotische Lockkraft ausstrahlende Liebe, die von den Buffoni ins Grobsinnliche und Derbe, von den ›Alten‹ ins Lächerliche gezogen, ironisiert und satirisch gebrochen wird; größere Theatergruppen verfügten meist über zwei

Verliebten-Paare, was entsprechende Komplikationen der Handlung erlaubte; der Realisierung ihrer Liebe stehen mit eigenen Liebesambitionen Pantalone, Dottore bzw. Capitano entgegen; wird das Mädchen um seinen wahren Liebhaber betrogen und z. B. durch die Eltern einem dieser unerwünschten Liebhaber ausgeliefert, treten die männliche und die weibliche Diener-Figur in ihre intrigante Funktion ein, verbünden sich den Amorosi und sind ihnen auf vielfache Weise bei der Erreichung ihres Zieles behilflich; die Amorosi ihrerseits werden auf diese Weise aus der Starre ihrer Stilisierung herausgeholt und ans Spiel der komisch-satirischen Masken herangehoben; ein Auseinanderfallen der Stücke in unterschiedliche Stillagen wurde auf diese Weise vermieden; die Verliebten ›kriegen‹ sich immer; das Happy end ist Standard.

II
ZUR GESCHICHTE UND ERSCHEINUNG DER COMMEDIA DELL'ARTE

Harlekin betrügt Pantalone
Zeichnung von Giuseppe Zocchi (1711–1767)

Für die historische Einschätzung des Maskenspiels der Commedia dell'arte sind aktuelle Erfahrungen instruktiv, wie sie 1947 Giorgio Strehler im Zusammenhang seiner Neuinszenierung von Carlo Goldonis *Arlecchino, der Diener zweier Herren* gemacht hat. »Mit der Maske«, schreibt er, »sind wir an der Schwelle des Theater-Geheimnisses, wachen die Dämonen wieder auf, die unbeweglichen, unwandelbaren Gesichter, die zum Ursprung des Theaters gehören. Man stellt z. B. sehr schnell fest, daß der Schauspieler auf der Bühne die Maske nicht mit einer gewohnten Geste der Hände berühren darf (Hand auf die Stirn, Finger auf die Augen, das Gesicht mit den Händen bedecken etc.). Diese Gesten werden dann absurd, unmenschlich, falsch. Um seine Ausdrucksmöglichkeit wiederzufinden, muß der Schauspieler lernen, die Geste mit der Hand zu ›skizzieren‹, statt sie realistisch auszuführen. Die Maske verträgt also nicht die Konkretheit einer realen Gebärde. Die Maske ist rituell.«[1] Indem er auf den ›Ursprung‹ zu sprechen kommt, berührt Strehler die Frage nach der ›Ursprünglichkeit‹ dieses Theaters, die uns heute noch erreicht; er markiert aber gleichzeitig die Distanz, die uns heute von ihm trennt, denn: Schauspieler und Regisseur knüpfen ja an keine lebendig gebliebene Theaterpraxis an, sondern müssen sich die Selbstverständlichkeiten einer verlorengegangenen Tradition mühsam erarbeiten. Mit dieser ›wiedergefundenen‹ Erfahrung steht Strehler nicht allein. Als 1916 Marcel Janco ins *Cabaret Voltaire* der Züricher Dadaisten seine kubistisch-abstrakten Masken mitbrachte, lösten sie, wie Hugo Ball in seinem Tagebuch *Die Flucht aus der Zeit* mitteilt, ganz ähnliche Beobachtungen und Reaktionen aus; wir lesen unterm 24. Mai: »Janco hat für die neue Soiree eine Anzahl Masken gemacht, die mehr als begabt sind. Sie erinnern an das japanische oder altgriechische Theater und sind doch völlig modern. Für die Fernwirkung berechnet, tun sie in dem verhältnismäßig kleinen Kabarettraum eine unerhörte Wirkung. Wir waren alle zugegen, als Janco mit seinen Masken ankam, und jeder band sich sogleich eine um. Da geschah nun etwas Seltsames. Die Maske verlangte nicht nur sofort nach einem Kostüm, sie diktierte auch einen ganz bestimmten pathetischen, ja an Irrsinn streifenden Gestus. Ohne es fünf Minuten vorher auch nur geahnt zu haben, bewegten wir uns in den absonderlichsten Figuren, drapiert und behängt mit unmöglichen Gegenständen, einer den andern in Einfällen überbietend. Die motorische Gewalt dieser Masken teilte sich uns in frappierender Unwiderstehlichkeit mit. Wir waren mit einem Male darüber belehrt, worin die Bedeutung einer solchen Larve für die Mimik, für das Theater bestand. Die Masken verlangten einfach, daß ihre Träger sich zu einem tragisch-absurden Tanz in Bewegung setzten.«[2]

Über Goldoni, der seinerseits in der Mitte des achtzehnten Jahrhunderts – zunächst in Venedig, dann, als er seinem Rivalen Carlo Gozzi weichen mußte, als Leiter des italienischen Theaters in Paris – ihre literarisierte Erneuerung betrieben hatte, geht Strehler direkt auf die lebendige Wirklichkeit der Commedia dell'arte zurück und versucht, sie fürs Theater der Gegenwart wiederzugewinnen. Dabei stößt ihm auf, daß die herkömmliche, im neunzehnten und Anfang des zwanzigsten Jahrhunderts entwickelte Theaterästhetik diesem Rekurs hinderlich ist, der auch vom Schauspieler zunächst als Einengung seiner Möglichkeiten erfahren wird: »Es ist ein psychisches Phänomen, daß der Schauspieler mit der Maske sich selbst und die anderen weniger empfindet. Ihm kommt es überdies vor, als sei er ›ausdruckslos‹; eine mächtige Waffe ist ihm genommen: das Mienenspiel. Unsere Schauspieler mußten sich die ›Beweglichkeit‹ der Maske erst erarbeiten. Auch hierin mußten sie eine begrabene Tradition ›wieder-finden‹, und es gab keinen, der ihnen dabei helfen konnte.«[3] Ist diese Hemmnisschwelle aber erst überschritten, kommt die Anknüpfung an die vergessene, verschüttete Tradition einem ›Wunder‹ gleich, dessen kritische Dimension durch Strehlers spätere Hinwendung zu Bertolt Brecht und dessen Ausbruch aus dem Zirkel des ›aristotelischen Theaters‹ in ein bezeichnendes Licht gerückt wird. Als er ihn bei Proben zu späteren Wiederaufnahmen des *Dieners zweier Herren* dabei beobachtete, wie er einem jüngeren Arlecchinodarsteller das »zutiefst Eigene« weiterzugeben versuchte, das er selbst inzwischen in dieser Maske geschaffen hatte – ein Vorgang, der auf die handwerksmäßige Auffassung des Schauspielerberufs innerhalb der Wandertruppen der Commedia dell'arte verweist –, wurde dem Regisseur der Schauspieler Marcello Moretti geradezu zum Sinnbild dessen, was die Funktion des Theaters heute in unserer ›dunklen Epoche‹ sein könnte, sein müßte: ›auch weiterhin dem Menschen zu helfen, Mensch zu bleiben‹.[4]

Anders die kurze Notiz Hugo Balls, die nicht konkret aufs Maskentheater der Commedia dell'arte zu sprechen kommt und dennoch einen sehr direkten Rückverweis abgibt. Die geschilderte Dadaisten-Szene mutet ja unmittelbar wie die Nachstellung jener Radierungen an, die Anfang des siebzehnten Jahrhunderts – die Realität dieses italienischen Wandertheaters vor Augen – Jacques Callot in seinen *Balli di Sfessania* gegeben hat. Die graphischen Blätter gehen auf Skizzen zurück, die Callot in Florenz angefertigt hat, wo der Mediceerhof diese Kunst förderte und in seinen Palästen Aufführungen veranstaltete. Den Vorzeichnungen gegenüber verstärken die ausgeführten graphischen Blätter durch Gegenüberstellung jeweils zweier Figuren das groteske Moment: in skurril wirken-

›Balli di Sfessania‹, Titelblatt, Radierung von Jacques Callot, ca. 1622

den Tänzerposen, die Gesichter mit überlangen, schnabelähnlichen Nasen ausgestattet, »denen ein vorgespitztes Kinn entspricht, der Kopf scheint nach hinten in die Länge gezogen, und meist setzt sich das Vogelartige in fledermausartigen Auswüchsen und dem Schwung der langen Hahnenfedern fort«[5], belauern, befehden, verspotten sie sich gegenseitig. Durch die Stilisierungen hindurch kommt jedoch ein Charakter der Bewegung zum Ausdruck, der nicht nur ›wirklichkeitsgetreu‹ zu sein scheint, sondern gerade auch jenen Momenten entspricht, die in der Commedia dell'arte aus den öffentlichen Belustigungen des Karnevals, dem joculatorischen und artistischen Gewerbe der Jahrmärkte und der aus ältesten Zeiten herüberreichenden Kultur der Straße abgeleitet sind. Daß Ball statt der Bilder Callots primär das fernöstliche und

Razullo und Cucurucu, Radierung aus den ›Balli di Sfessania‹ von Jacques Callot, ca. 1622

antike Theater vor Augen hat und seine Erfahrung mit Masken – ihre Herausforderung zu einem »an Irrsinn streifenden Gestus« und »einem tragisch-absurden Tanz«, die vor dem Hintergrund des Ersten Weltkriegs noch eine besondere Beleuchtung erfahren – sozusagen aus deren ›Natur‹ ableitet, widerlegt den hier hergestellten Zusammenhang nicht, sondern unterstreicht nur die richtige Intuition dieser Erfahrung.

Beide einleitend beigezogenen Äußerungen, wie different sie im übrigen sein mögen, sind auf ihre Weise hilfreich, wenn man mit Erklärungen ansetzt, was den ›lebendigen Kern‹ einer elementar auf der Maske basierenden Theaterbewegung ausmacht, die sich in der Mitte des sechzehnten Jahrhunderts in Oberitalien ausbildete, auf Unteritalien ausstrahlte, dort parallele und kontrastierende Entwicklungen hervorrief und in der Folgezeit überall in Europa Wirkungen hinterlassen hat, zunächst als direkte Publikumsreaktion auf Aufführungen wandernder Theatertruppen, die bald eine gesuchte theatralische Attraktion abgaben und im Etikett ›italienische Komödianten‹ alle Vergnügungen zusammenfaßten, die überhaupt von einer aufgeschlagenen Bühne ausgehen können, und dann auch indirekt, im übertragenen Sinn, als Einfluß auf Stückeschreiber von so mächtiger Kontur wie William Shakespeare in England, Jean-Baptiste Molière in Frankreich oder Andreas Gryphius in Deutschland. Die Verblüffungen nehmen nicht ab, wenn man die Fragen der Rezeption präzisiert und ihre Kreise noch etwas weiter zieht: wie erklärt es sich, daß ein Theater, das seiner Entstehung nach so viele Elemente der Volkskultur enthält, über lange Strecken seiner Entwicklung zur erklärten Leidenschaft des Adels werden konnte; welche Kräfte illuminierender Verklärung setzten mit dem Niedergang der italienischen Wandertheater ein und haben einigen ihrer Hauptfiguren einen unsterblichen Glanz gegeben, der in der Malerei so gut überlebt hat wie in der Literatur – noch Pablo Picasso griff Anfang unseres Jahrhunderts auf die ›Aura‹ des Harlekins zurück –, und wie kommt es schließlich, daß wir etwa in der Frühgeschichte des Films mit seiner Ausbildung einer Vielzahl komischer ›Masken‹ und Typen, für die stellvertretend Charlie Chaplin genannt sei, ganz ähnliche Gesetzmäßigkeiten der Darstellung und Darsteller beobachten können, wie sie mit der realen Erscheinungsweise der Commedia dell'arte verbunden sind?

Antworten auf diese und andere Fragen, die sich stellen, lassen sich aus der Geschichte und den Besonderheiten der künstlerischen Ausdrucksmittel der Commedia dell'arte ableiten, wie sie sich zwischen ihrer Geburt und ihrem Verfall ausgeprägt haben. Dabei liegen die ersten Schwierigkeiten schon beim Entstehungsdatum, das es aus der Natur der Sache als eine feste Marke nicht gibt: »Denn alle die Elemente, die zu unerläßlichen Kennzeichen dieses Theaters werden sollten, waren nicht plötzlich und auf einmal da, sondern fügten sich erst allmählich zu einem einheitlichen Ganzen zusammen. Allein schon der Name für diese Gattung stand nicht von vornherein fest. Das Theater nannte sich entweder ›la Commedia dell'arte‹ oder ›la Commedia a soggetto‹ oder ›la Commedia all'improvviso‹. Die erste Bezeichnung hob zum Unterschied von der Liebhaberbühne, der Hofbühne und anderen Formen des Theaters den professionellen Charakter des neuen Theaters hervor. In der damaligen Sprache bedeutete nämlich das Wort ›la commedia‹ (...) nicht nur ›Komödie‹ in unserem heutigen Sinne, sondern ganz allgemein ›Theater‹, und ›l'arte‹ hieß im Zusammenhang damit nicht ›Kunst‹, sondern ›Handwerk‹ oder ›Beruf‹. Die beiden anderen Namen wiesen auf ein anderes Merkmal hin, das die neue Gattung vom ›gelehrten‹ Theater unterschied, nämlich auf den Umstand, daß die Stücke nicht nach einem vollständig festliegenden geschriebenen Text gespielt wurden, sondern daß die Schauspieler ihren Text improvisierten, das heißt ihn an Ort und Stelle vor den Augen der Zuschauer selbst erfanden, wobei den Stücken allerdings ein geschriebenes Szenarium (il soggetto) zugrunde lag. Alle diese Bezeichnungen charakterisierten verschiedene Besonderheiten des neuen Theaters, die jede für sich von den Mitwirkenden als Neuheit empfunden und angepriesen wurde. Die Bezeichnung ›Maskenkomödie‹ kam erst später auf.«[6]

Geht man von der Genese der Masken, Typen und ihrer Namen aus, wie sie vorstehend nach den kolorierten Kupfern Maurice Sands in seiner zweibändigen Ausgabe der *Masques et Buffons (Comedie Italienne)* von 1860 festgehalten und für unser Bändchen neu in Stichworten umrissen sind, stößt man auf unterschiedliche ›Ableitungen‹ und ›Tiefenschichten‹. Zum einen ist man auf die altrömischen Atellanae, eine volkstümliche Possengattung verwiesen, deren derb-grobes Maskenspiel sich in handfester Drastik um Figuren wie den gerissenen Dummkopf Maccus, den einfältigen, immer betrogenen Bucco, den gutmütigen, durch Anzüglichkeiten verspotteten Greis Pappus etc. drehte; bei einer Vielzahl struktureller Gemeinsamkeiten bleibt jedoch offen, in welcher Weise dieses antike ›Volkstheater‹ über den Zerfall des römischen Imperiums und das christliche Mittelalter hinweg auf die Commedia dell'arte, die ein Kind der Renaissance ist, Einfluß genommen haben soll. Zum anderen wird deshalb immer wieder auf das wandernde Volk der Artisten und Joculatores Bezug genommen, das seit ewigen Zeiten auf den großen Handelsstraßen zu Hause war und mit dem Aufstieg des neuzeitlichen Warenverkehrs, seinen Messen und Jahrmärkten, neu zur Blüte kam. Als dritte Kraft gilt der aus kultischen Wurzeln stammende Karneval mit seinen Maskenaufzügen und seinem Narrentreiben, das offensichtlich – wie entsprechende Verbote dokumentieren – bereits im dreizehnten und vierzehnten Jahrhundert ins Wilde und Tumultuarische ging; in diese Umtriebe, die ihren Höhepunkt in den oberitalienischen Städten hatten, mischten sich während des fünfzehnten Jahrhunderts in verstärktem Maß auch berufsmäßige Spaßmacher – Buffoni und Mimen –, die hier auf größeren Zulauf setzten. Gegen diese Herleitungen aus dem Volksleben wiederum wurde geltend gemacht, daß der Abstand zwischen derlei ›niederen Vergnügungen‹, wie sie die Commedia dell'arte bot, und dem gehobenen Theater der Zeit, der Commedia erudita der Humanisten, die sich ihrerseits an klassischen Mustern wie Terenz und Plautus orientierte, so groß gar nicht sei: dafür spräche die Konzeption der Amorosi oder das Wiederauftauchen des Miles gloriosus als Capitano. Von hier aus war es nicht weit, die Commedia dell'arte überhaupt nur als Popularisierungsversuch dieses ›gelehrten Theaters‹ anzusprechen.

Sicherer wird der Boden unter den Füßen, wenn man sich auf die Organisationsform dieses Theaters als berufsmäßig betriebenes Schauspiel wandernder Truppen einläßt. Der Zusammenschluß von Laienschauspielern zu Schauspielervereinigungen – ein Vorgang, der in Deutschland Parallelen hat, wie das von handwerklichen Stadtbürgern getragene Fastnachtsspiel zeigt – war in Venedig seit dem Ausgang des fünfzehnten Jahrhunderts bekannt. Aber erst der Schritt in die Berufsschauspielerei gab diesen Gruppen eine größere Stabilität nach innen und gewährleistete ihre Mobilität nach außen, zwei Faktoren, die ineinandergriffen und sich gegenseitig in unterschiedlichster Weise beeinflußten. Der Zwang zum breiten Publikumserfolg förderte die Aufnahme und Perfektionierung populärer Masken und Typen, die in ihrer wechselnden Kombinierbarkeit dem Stegreif-Ensemblespiel entgegenkamen, das sich innerhalb der Gruppen zu großer

Routine entwickelte und dabei den individuellen Gestaltungsmöglichkeiten einzelner Schauspieler, die sich ihr Leben lang auf einen Typus konzentrieren konnten, um ganz mit ihm identisch zu werden, viel Raum gab; den Grundstock – auch der Entstehung nach – bildeten dabei die komischen ›Alten‹, maßgeblich verkörpert in Pantalone, der aber zunächst ›Magnifico‹ hieß oder ›Messer Benedetto‹ gerufen wurde, und die Dienerfiguren vom ›Zanni‹-Typus, die sich rasch in ihre Konkretisierungen – Brighella, Arlecchino etc. – aufspalteten. – Wandernde Theatertruppen der hier angesprochenen Art sind urkundlich seit dem letzten Drittel des sechzehnten Jahrhunderts belegt, als eine der ersten die *Compagnia dei Gelosi,* die wir 1568 in Mailand, 1571 in verschiedenen italienischen Städten, 1577 in Blois, anschließend über ein Jahr in Paris, bis 1603 wieder in Italien und zuletzt 1603/04 wieder in Frankreich finden. Der Name ist aus der Devise »Virtù, gloria, onor ne fan gelosi« (Ihre Tugend, ihr Ruhm und ihre Ehre machen alle Leute neidisch) abgeleitet. Zeitlich parallel oder um nur wenige Jahre versetzt traten die Truppen der *Desiosi* (Ersehnten), *Confidenti* (Zuversichtlichen), *Uniti* (Vereinigten), *Accesi* (Entflammten) und *Fedeli* (Getreuen) auf den Plan. Vom Alltagsleben dieser sicher noch zahlreicheren Schauspielerscharen wissen wir wenig, doch läßt sich aus einigen indirekten Mitteilungen in etwa folgendes Bild entwerfen: »Die bekannteren Schauspieler, die Verbindung zu Hofkreisen hatten oder denen es gelungen war, sich einen Namen zu machen, litten keine Not. Das waren jedoch nur sehr wenige. Das Leben der gewöhnlichen Komödianten dagegen war sehr hart. Sie mußten in diesen Jahren der Reaktion einen schweren Kampf um das Recht zum öffentlichen Auftreten führen und außerdem beständig der Armut und dem Hunger Trotz bieten. Allein schon das Reisen auf den schlechten italienischen Straßen, durch unwegsame Gebirge und Schluchten, in einer Zeit, da Krieg und Banditenunwesen ohnehin jeden Reisenden bedrohten, erforderte viel Mut, Ausdauer, Energie und vor allem viel Liebe zu der Aufgabe, der diese Menschen sich für ihr ganzes Leben verschrieben hatten.«[7]

Die Aufbruchphase der Commedia dell'arte in der zweiten Hälfte des sechzehnten und ersten Hälfte des siebzehnten Jahrhunderts ist gekennzeichnet durch große Vitalität, was die Findung der Masken und die Erprobung aller Möglichkeiten des Spiels aus dem Stegreif angeht, das die ›künstlerische Seele‹ dieses Theaters wurde: dabei handelte es sich um keine totale Improvisation, sondern um die jeweils neue Interpretation von Stereotypen und Mustern, jedenfalls um Vorführungen innerhalb eines trainierbaren Rahmens. »Die Schauspieler«, heißt es 1634 bei Niccolò Barbieri, »prägen ihrem Gedächtnis die verschiedensten Dinge ein – Sentenzen, Concetti, Liebeserklärungen, Vorwürfe, Verzweiflungs- und Wahnsinnsausbrüche, um sie im Bedarfsfalle vorrätig zu haben; und was sie auswendig lernen, paßt genau zum Typ derjenigen Personen, die sie darstellen.«[8] Tatsächlich sind aus späteren Phasen der Commedia dell'arte besondere Büchlein mit Monolog- und Dialogversatzstücken erhalten, die von den Schauspielern auswendig gelernt und für das Stegreifspiel verwandt wurden. Eine wesentliche Funktion kam gerade deshalb dem Szenarium oder Canevas zu, einer knapp zusammengefaßten Inhaltsangabe des jeweils zu spielenden Stücks, die in Akte und Szenen eingeteilt war und genaue Angaben über Auf- und Abtritte mit entsprechenden Handlungsanleitungen und Redehinweisen enthielt. Als das früheste überlieferte Szenarium hat ein erzählerischer Bericht Massimo Trojanos zu gelten, der sich auf eine Aufführung in Commedia-dell'arte-Manier am bayrischen Hofe im Jahre 1568 bezieht; die Darsteller waren allerdings keine Wanderschauspieler, sondern in Bayern ansässige Italiener. Ausführlichere Sammlungen sind später von Flaminio Scala (1611) und Basilio Locatelli (1618–1622), durch den Kardinal von Savoyen (1621 bis 1643) oder den Grafen Casamarciano (im 18. Jahrhundert) veranstaltet worden: sie geben uns zwar keinen Begriff von der realen Gestalt der Aufführungen selber, stellen aber immerhin eine wichtige Quelle für die Spielpläne einzelner Gruppen dar.

Die Einladung der *Gelosi* 1577 nach Blois, wo er mit ihren Aufführungen die dort versammelten Etats généraux unterhielt, und nach Paris erfolgte durch Heinrich III. von Frankreich, der die Truppe 1574 bei seinem kurzen Aufenthalt in Venedig gesehen und Feuer gefangen hatte. Aber bereits 1571 hatte sich unter der Leitung Alberto Ganassas eine Truppe italienischer Commedia-dell'arte-Schauspieler in Blois aufgehalten und ihrerseits Karl IX. – den damaligen König – auf seinen Reisen durch das Land begleitet; Aufführungen in Paris scheiterten zunächst am Widerstand des Parlaments, fanden dann aber 1572 doch statt. Die so markierte Ereigniskette ist in doppelter Hinsicht signifikant. Zum einen ist in ihr das eskalierte Interesse der französischen Aristokratie am neuen italienischen Theater festgehalten, das – wie man sieht – bis zum französischen König hinaufreichte, zum anderen wird durch sie der starke Anteil hervorgehoben, den fortan Paris für die Entwicklung und Ausgestaltung der Commedia dell'arte haben sollte. Italienische und französische Komödianten spielten in Paris zunächst wechselseitig auf denselben Bühnen und beeinflußten sich gegenseitig; in der zweiten Hälfte des siebzehnten Jahrhunderts spielten die Italiener, denen nun Frankreich quasi zur zweiten Heimat wurde, zunächst gemeinsam mit dem von Molière geleiteten Theater im Palais Petit Bourbon und im Palais Royal, bis nach der Gründung der Comédie Française das Hôtel de Bourgogne gänzlich für sie frei wurde. Eben hier nahm die Comédie italienne ihre endgültige, von den italienischen Ursprüngen abweichende, aber ihrerseits sich präzisierende Gestalt an. Wo man am italienisch gesprochenen Wort festhielt, förderte dieses Verharren die Tendenz zur schauspielerischen Bravourleistung, zur Situationskomik, zum Mimik-Gag und dergleichen, störte also die Unterordnung der Einzelelemente unter die Ensembleleistung; als man zuerst französische Phrasen, dann ganze französische Dialoge einbaute und schließlich – gegen die Einsprüche der Comédie Française – überhaupt zur einheimischen Bühnensprache überging, verwischten sich nicht nur die Dialektnuancierungen, die in der italienischen Commedia dell'arte gegeben waren und ihren volkstümlichen Realismus gesichert hatten, sondern zeigten sich Trends zur Verschriftlichung der Stücke und damit auch von dieser Seite her ein Abbau des Spiels aus dem Stegreif und der Improvisation. Ein Reglement des Jahres 1684 besagt, daß die Truppe aus zwölf Schauspielern und Schauspielerinnen zu bestehen habe: zwei Damen für ernste, zwei für komische Rollen, zwei Kavaliere als Verliebte, zwei Männer für komische Rollen, zwei zur Weiterführung der Intrige und zwei Alte von der Art Pantalones und Dottores. Die abstraktere Auffassung der

Masken und Typen löste auch sie aus ihren realistischen Bedeutungszusammenhängen, förderte aber im Ersatz ihre Fähigkeit zu neuen Kombinationen und Stilisierungen, wie etwa die Umwandlung Arlecchinos vom dümmlich-naiven, stets von Eß- und Trinkgelüsten geplagten Bauernburschen zum gerissenen Spaßvogel Harlequin

Arlequin Cartouche und Pierot, Kupferstich-Illustration 1722

durch Domenico Biancolelli und dessen Brechung in den traurigen Pierrot des Rokoko belegt.

Mit diesen Daten erhalten wir freilich nur ein Teilbild, einen Ausschnitt aus dem größeren Gesamt der Commedia dell'arte. Der zeitgenössische Chronist, auf den wir uns stützen, erwähnte ja nur Aufführungen vor illustrem Publikum; detailliertere Erwähnung fanden nur die berühmten Schauspieler. Von der Masse der wandernden Truppen, vor allem wenn sie weiter enge Verbindung mit der Sphäre der Straße und dem niederen Volk hielten, wie es etwa in Süditalien der Fall war, wissen wir dagegen nur wenig. Wider Erwarten gibt uns jedoch gerade das weitere Schicksal der französischen Comédie italienne einen wichtigen Hinweis. Als dieses Theater 1697 anläßlich einer Aufführung, bei der man eine Satire auf Madame de Maintenon witterte, verboten wurde, indem man die

Arlequin Cartouche und Columbine,
Kupferstich-Illustration 1722

Schauspieler aus Paris vertrieb, löste es sich sozusagen in das Pariser Jahrmarkttheater auf; das aber war nur möglich, weil es unterströmig ein solches Auffangbecken gab. Mit dem Verbot von Sprechrollen war dieses Théâtre de la foire in seinen Spielmöglichkeiten zunächst stark eingeschränkt, doch wußte es sich durch Eskalationen im pantomimischen Bereich und später, nach dem Kauf entsprechender Privilegien, durch Annäherungen an die Musik zu helfen. Mit dem Ausbau der Ausstattung ist dabei der Weg in die Zauberposse, mit der Einführung von Gesangsrollen der Übergang in die Opera buffa gewiesen. Unter den Schriftstellern, die sich diesem Theater unter offenem Himmel zuerst als Szenarien-, dann als regelrechte Stückeschreiber verpflichteten, ist Alain-René Lesage, der Verfasser des *Diable boiteux* (Hinkender Teufel) und des *Gil Blas* zu nennen; er begann 1713 mit *Arlequin,*

Arlequin Cartouche und Octavio, Kupferstich-Illustration 1722

Roi de Serendib, einem Stück, das die meisten der skizzierten Momente in sich vereinigt: dem Sujet entsprechend – Arlequin gerät auf eine fremde Insel, wo er für kurze Zeit zum König erhoben, dann bestraft und schließlich doch gerettet wird – ist die Handlung aufgesplittert, weitgehend bloßer Vorwand für komische Szenen und sogenannte Lazzi, herausgelöste Buffotricks, von denen sich einige wie z. B. die Lazzi vom Fliegenfangen oder Maccaroni-Essen bei den Zirkusclowns bis heute erhalten haben. In seinen späteren Arbeiten konnte Lesage zum Dialog zurückkehren und sich auf eine auch stärker psychologisch motivierte Konstruktion der Handlung – darin der unmittelbare Vorläufer von Marivaux – besinnen. Jedenfalls war das Théâtre de la foire durch unterschiedlichste Faktoren innerhalb relativ kurzer Zeit so populär, daß nach 1716 die Wiederbelebung des Théâtre italien trotz Hilfe der aus Italien importierten Truppe Luigi Riccobonis gescheitert wäre, wenn man nicht Anleihen bei der lebendigeren Konkurrenz genommen und diese imitiert hätte. In Zusammenarbeit mit dem wiederentstandenen italienischen Theater hatte nach 1720 Marivaux seine große Zeit. Im irrealen Raum seiner Komödien, den phantastischen und utopischen Handlungen, in den Verkleidungsszenen und in den Masken folgte er der Commedia dell'arte und den von ihr abstammenden Theaterformen: »In der Entwicklung der Handlung aus einem psychologischen Kern, in der Notwendigkeit der Szenen und ihrer Abfolge für die Entwicklung des Problems, in der Verlagerung der Bedeutung von der Aktion zum Wort nimmt Marivaux Abschied vom Stegreiftheater.«[9]

Das achtzehnte Jahrhundert – das Aufklärungszeitalter – ist gleichermaßen durch Abwehr und Umformung der Commedia-dell'arte-Traditionen gekennzeichnet. Gottscheds gegen den ›verderbten Geschmack des unverständigen Pöbels‹ gerichtete Theaterreform mit ihrer Vertreibung Hanswursts von der Bühne traf generell das Stegreiftheater in seinem entscheidenden Nerv. Der Kunstrichter wandte sich ja mit den aus Aristoteles abgeleiteten, aus der französischen Klassik übernommenen drei Einheiten (des Ortes, der Zeit und der Handlung) gegen das Theater der ›offenen Form‹ und alle fruchtbare Unordnung, aus der Improvisation allein entstehen kann, und vertrat das Prinzip des moralischen Nutzens, ein wahres Henkersbeil für nahezu alle Commedia-Figuren. Harlekin und Scaramutz, heißt es in der *Critischen Dichtkunst*, hätten nur deshalb zu Hauptpersonen von Lustspielen werden können, weil »kleine Geister, die keine Einsicht in die Moral besitzen und das ungereimte Wesen in den menschlichen Handlungen weder wahrnehmen noch satirisch vorstellen können«, sich durch »närrische Kleidungen, Worte und Gebärden« zu helfen versucht hätten. Er erklärt die Improvisationen der Commedia dell'arte als Verfall der antikisierenden Komödien des 15. Jahrhunderts und zählt sie zu den »allerabgeschmacktesten Dingen, die nur zur Belustigung des untersten Pöbels hätten dienen können«; ausführlicher gewinnt der Angriff folgende Gestalt: »In der Tat hat man aus der Erfahrung gesehen, daß das italienische Theater seit etlichen Jahrhunderten nicht viel Kluges hervorgebracht hat. Ihre besten Komödien enthalten nichts, als Romanstreiche, Betrügereien der Diener, und unendlich viel abgeschmackte Narrenpossen. Harlekin und Scaramutz sind die ewigen Hauptpersonen ihrer Schaubühne: und diese ahmen nicht die Handlungen des gemeinen Lebens nach; sondern machen lauter ungereimte Streiche, die einem nicht so arg träumen könnten. Ein Mondenkaiser, ein SPIRITO FOLETTO, ein Lederhändler von Pergamo, und unzählige andre, davon das THEATRE ITALIEN voll ist, können uns diesen Geschmack sattsam bekannt machen. Sie binden sich an keine Einheit der Zeit und des Orts, ja oft ist nicht einmal eine rechte Haupthandlung in ihren Fabeln. Sie machen Parodien auf die ernsthaftesten Stücke, mitten zwischen ihren andern Szenen; und erfüllen alles mit Geistern, Zaubereien und Gespenstern. Kurz, man kann von den unsinnigen Phantasien und Schwärmereien ihrer Comödianten sagen: / VELUT AEGRI SOMNIA, VANAE FINGUNTUR SPECIES, UT NEC PES, NEC CAPUT UNI REDDATUR FORMAE. / Man ist auch dieser italienischen Art schon so gewohnt, daß man von dergleichen Burlesken nichts kluges mehr vermuthet; und wenn man in dergleichen Komödien lachet, so geschieht es nicht sowohl über die Torheiten der darin aufgeführten Personen, als über die närrischen Einfälle des Verfassers solcher Spiele.«[10]

Dennoch enthielt Gottscheds radikale Kritik auch produktive Momente, die aufgenommen werden konnten, als der Gegenschlag einsetzte und literarische Anknüpfungen gerade dort gesucht wurden, wo eben noch die Verbotstafel errichtet war, so zum Beispiel den Vorschlag, die komischen Helden stärker auf einzelne Wesensmerkmale zu gründen und ihr Zusammenspiel aus ihnen heraus und auf sie hin zu motivieren: »Es muß eine einzige recht wichtige Spitzbüberei genommen werden, dazu viele Anstalten gehören, ehe sie ausgeführet werden kann; die aber, vieler Schwierigkeit ungeachtet, gelinget und also eine Handlung ausmacht. Diesen Erfolg derselben lächerlich zu machen, dazu gehört, daß entweder Cartouche oder der, so von ihm betrogen wird, auslachenswürdig werde. Dieses letztere zu versuchen, müßte man etwa dichten, es hätte sich jemand in Paris zu klug dünken lassen, daß ihn Cartouche mit aller seiner List nicht sollte betrügen können. Dieses hätte er sich in einer Gesellschaft gerühmet, wo dieser Räuber selbst, doch unerkannt, zugegen gewesen sei und dadurch demselben Lust gemacht, seine Kunst an ihm zu erweisen. Man könnte nun einen von den listigen Streichen dieses Spitzbuben wählen und den so überklugen Mann zum Überflusse erst durch gewisse Leute warnen lassen, wohl auf seiner Hut zu stehen, endlich aber doch betrogen werden lassen. Hier würde nun freilich wohl die Komödie ein lustiges Ende nehmen; aber nicht die Spitzbüberei, sondern die eingebildete Klugheit des Betrogenen würde dadurch zum Gelächter werden; und die Morale würde heißen: Man solle sich nicht zu weise dünken lassen, wenn man mit verschmitzten Leuten zu tun hat; viel weniger mit seiner vorsichtigen Behutsamkeit prahlen, weil dieses uns die Leute nur desto aufsätziger macht.«

Diesen Forderungen, von Gottsched zur aktuellen Parole erhoben, hatte freilich im vorhergehenden Jahrhundert schon Molière weitgehend entsprochen, wenn er sich zu seinen großen Komödien – *L'avare* (Der Geizige) oder *Le malade imaginaire* (Der eingebildete Kranke) – von der Comédie italienne, speziell durch das Spiel der Truppe Tiberio Fiorellis anregen ließ, mit der er zeitweise im selben Haus auftrat. Das Arsenal der italienisch-französischen Komödienfiguren diente ihm als Fundgrube für seine bis heute einmaligen, übers Lächerliche ins Groteske ausgreifenden dramatischen Charakterstudien. Die italienische Reform der Commedia dell'arte des achtzehnten Jahrhunderts setzte diese Umformung von Typen in Charaktere fort. Gleichzeitig strebte Carlo Goldoni, mit dessen Namen dieser Reformversuch verbunden ist, die Wiederanreicherung von Handlungen und Figuren durch ein realistisch gezeichnetes, lokales Milieu an. Er nahm seine Stoffe aus dem venezianischen Alltagsleben: die beabsichtigte Wirkung beruht größtenteils »auf der Darstellung des ganz normal Menschlichen, auf der Übereinstimmung der Personen, die nicht mehr durch Lazzi, Intrigen und akrobatische Geschicklichkeiten auffallen und die Züge haben, wie sie an vielleicht fehlerhaften, aber meistens sympathischen Durchschnittsmenschen zu beobachten sind. Dabei sind die Antriebe der achtbaren Personen durchaus bürgerlich, keineswegs heroisch-altruistisch. Man sucht ein Fortkommen, die Ehe, einen Erwerb, aber ohne dabei die Tugend aufgeben zu wollen und ohne die Stimme des Herzens zu überhören. So sind auch die Versuchungen und das Böse (die Faulheit, der Leichtsinn, die Untreue) zu überwinden. Die Personen sind in der Regel nicht lächerlich, eher rührend, und trotz des bewegten Bühnengeschehens mit seinem Allegrorhythmus sind wir dem bürgerlichen Drama nahe«.[11] Gegenspieler Goldonis in Italien war Carlo Gozzi, der die Commedia dell'arte in ihren Stegreifrechten zu erhalten suchte und die Zauberwelt seiner Märchenkomödien mit Feen, Hexen und Magiern bevölkerte. Beide Autoren, sosehr sie sich auch befehdeten, arbeiteten mit der Truppe des gefeierten Truffaldino-Darstellers Antonio Sacchi zusammen. Die noch lebendige Praxis des Commedia-dell'arte-Schauspiels ermöglichte offensichtlich, wenn auch nur für Zeit, eine Vermittlung der Gegensätze, bis Goldoni 1762, nicht nur literarisch, sondern auch politisch angefeindet, das Feld räumte und einem Ruf an die Comédie italienne folgte, wo er in seinen Reformabsichten resignieren mußte.

Eine äußerst lebendige Fortführung der Commedia dell'arte in stark lokaler Modifikation setzte zu Beginn des achtzehnten Jahrhunderts in Wien ein und zog sich – als Wiener Volkstheater zusammengefaßt – bis über die Mitte des neunzehnten Jahrhunderts hin. Die zentrale komische Figur trug hier den Namen Hans Wurst und, nach seiner Vertreibung durch Joseph von Sonnenfels, der am Ort das

Geschäft Gottscheds betrieb, den Namen Kasper oder Kasperl, von Johann La Roche als ein in die österreichische Hauptstadt verschlagener, in niederen Diensten beschäftigter Tiroler Bauer gegeben. Damit wiederholt sich eine aus realen sozialen Vorgängen heraus komisch-satirisch gebrochene Stadt-Land-Interpolation, wie wir sie von den Zanni-Figuren aus der Frühzeit der Commedia dell'arte her kennen. Auch sonst kommt es in gerafftem Zeitablauf zu Rekapitulationen in ausgewechselter Landschaft: wie in Italien und Frankreich erwuchs einem ursprünglich vagierenden Gewerbe ein festes Schauspielhaus innerhalb einer Weltstadt, verfehlte ein ›von unten‹ herkommendes Theater seine Attraktion bei den höheren Ständen nicht, führte – innerhalb der Binnenstruktur – der Weg von festen Masken und Typen zu wirklich individualisierten Charakteren, vom improvisierten Stegreiftheater mit seinen schweifenden Handlungen, Buffonerien und Lazzi-Ausbrüchen, als deren Meister Joseph Anton Stranitzky und Gottfried Prehauser zu gelten haben, zu einem in literarische Bahnen gelenkten Lustspiel, bei dem wir als Autoren-Schauspieler an Ferdinand Raimund und Johann Nestroy denken, die ihrerseits den Kontrast von Zauberposse und Lokalstück repräsentieren. Ein wesentliches Moment der Literarisierung resultierte aus der Fähigkeit, die komischen Figuren zu verbürgerlichen, d.h. aus ihrer Wandlungsfähigkeit Kapital zu schlagen und sie in unterschiedlichen sozialen Rollen auftreten zu lassen: deren Einheit war nun nicht mehr durch die Maske oder das feste Kostüm des Typus, sondern durch den populären Schauspieler gegeben, der sein Publikum durch alle changierenden Präsentationen hindurch mitriß. Das feste, aus dem Flikkenkleid Arlecchinos gewonnene Kasperl-Kostüm wanderte schließlich ins Puppentheater ab, wo es noch heute sein Kinderpublikum findet.

Schon in der zweiten Hälfte des achtzehnten Jahrhunderts ebbten die Bewegungen des italienischen Wandertheaters, das sich nun zunehmend auf das Heimatland beschränkte, allmählich ab. Über zweihundert Jahre hatte es ganz Europa überzogen und an den unterschiedlichsten Orten unterschiedlichste Wirkung hinterlassen – momentäre Effekte, aber immer wieder auch weiterreichende Reaktionen, nicht allein im Medium der lebendigen Schauspielerei und seiner Techniken, in der dramatischen Literatur, sondern auch in Malerei und Architektur, speziell auch in der Theaterarchitektur, man denke an die Freskenmalereien im Landshuter Schloß Trausnitz um 1570, an Stukkaturen in Commedia-dell'arte-Manier in diversen Barockschlössern, z.B. in Schloß Pommersfelden, oder – im Rokokostil – die illusionistisch-realistische, auf 1748 datierte Ausschmückung des Maskensaales im Schloß von Krummau/Moldau. Wer sich also im neunzehnten und zwanzigsten Jahrhundert auf die Commedia dell'arte zurückbezog, tat dies nicht mehr in direkter Konfrontation mit ihrer realen, jetzt heruntergekommenen Gestalt, sondern in Auseinandersetzung mit jener Form, zu der sie literarisch und künstlerisch geronnen war. Von besonderer Bedeutung war dabei die Vermittlung der Romantik und hier etwa der Rückgriff auf Jacques Callot, wie ihn E. T. A. Hoffmann seinen *Phantasiestücken* von 1817 voranschickte, wobei er den »kecken Meister«, dessen Kompositionen aus den heterogensten Elementen geschaffen seien und dessen »groteske Gestalten« alle Andeutungen preisgäben, die »unter dem Schleier der Skurrilität verborgen liegen«[12], den romantischen Dichtern und Schriftstellern zum Vorbild setzte. Aus zahlreichen Quellen und Anspielungen schöpfend und sie zur modernen ›Kunstfigur‹ verbindend, ist Hugo von Hofmannsthal mit *Ariadne auf Naxos* in neuromantischer Manier noch einmal eine subtile Nachschöpfung aus dem zum Ende des achtzehnten Jahrhunderts fixierten Geist der Commedia dell'arte gelungen. Die Mischung aus Schauspiel und Oper kontrapunktiert ernste und heitere Züge und ope-

Charles Debureau, Photographie von Nadar und Adrien Tournechon, um 1854

riert mit Spielmomenten im Spiel; als bekannte Spaßmacher-Diener-Typen treffen wir Harlekin, Scaramuccio, Truffaldino, Brighella, Colombine und – zusätzlich – im Vorspiel eine Art Wiener Arlecchino, ein Kasperl, einen Vetter Papagenos. – In jüngster Zeit ist H. C. Artmann in die Sphäre der Commedia dell'arte zurückgetaucht, als sei da nie ein Riß gewesen. Sein Dramenband *Die Fahrt zur*

Insel Nantucket enthält, ausdrücklich als »canevas« gekennzeichnet, den Szenariumsentwurf eines Stückes und gleich darauf, als wolle er den Entwicklungsschritt vom improvisierenden zum textlich reglementierten Spiel noch einmal nachträglich für sich markieren, unterm selben Titel *Brighella, sauer wie der Mann im Mond* die voll ausgeschriebene Version.

Die Verbindungslinien, die sich zwischen der Commedia dell'arte und der Frühzeit des Films ziehen lassen, gehen auf keine wirkliche Einflußnahme zurück, sondern basieren auf einem strukturellen Vergleich, sind also konstruierter Natur. Immerhin ist es überraschend, feststellen zu müssen, daß sich unter ganz unterschiedlichen historisch-sozialen und technisch-medialen Voraussetzungen verblüffend ähnliche figurale Erscheinungen ausgeprägt und überraschend parallelläufige dramaturgische Prozesse ergeben haben. Wir beobachten jedenfalls bei Charlie Chaplin, Buster Keaton und all den anderen komischen Helden der Stummfilmzeit fast dieselbe starke Identifikation des Schauspielers mit seiner ›Maske‹, wie sie für die Darsteller Arlecchinos, Brighellas, Pulcinellas etc. anzusetzen war; im Unterschied zu diesen tragen jedoch die modernen Filmhelden keine tatsächliche Larve mehr vors Gesicht gebunden, sondern mußten sich – vor der realistisch eingestellten Kamera – mimisch-physiognomischen Ersatz einfallen lassen. Und weil der Stummfilm nur zwischengeschaltete Texttafeln, aber noch keine Übertragung der Stimme kannte, mußten sie Anleihen bei den pantomimischen Künsten machen, die in der Commedia dell'arte immer dann besonders eskalierten, wenn es – wie zeitweise fürs Théâtre de la foire – Sprechverbote für die Komödiantenbühne gab. Das nie zu einem Lachen verzogene Gesicht Keatons, das Schnurrbärtchen, die Melone, das wirbelnde Stöckchen und die unverwechselbare Gesamtmotorik Chaplins haben hier ihre Wurzel. Der Zwang zu solchen Stilisierungen erklärt sich für die italienischen Komödianten zu gutem Teil aus der Rivalität von Schauspielergruppen, die oft auf gleichem Platz, zu gleicher Zeit gegeneinander um die Gunst der Zuschauer buhlen mußten, dabei waren solche Masken und Kostüme leicht wiedererkennbar und versprachen über die einzelnen Aufführungen hinweg die ständige Fortsetzung des Vergnügens; er erklärt sich für das neue Medium aus der Konkurrenz einzelner Filmgesellschaften, die sich mit ihren Filmkomikern als Leitmarken im anbrechenden Filmgeschäft, das freilich zu diesem Zeitpunkt noch nicht ins Hollywood-Format verkommen war, zu plazieren suchten. Hier wie dort treffen die komisch angelegten Protagonisten durchs Gelächter hindurch, das sie erzeugen, den Nerv eines in der Masse aus kleinen Leuten bestehenden Publikums und greifen doch gleichzeitig darüber hinaus.

Vordergründig reduziert sich Giorgio Strehlers Wiederentdeckung des Maskentheaters, von dem einleitend die Rede war, auf den Versuch einer Neuinszenierung von Carlo Goldonis *Der Diener zweier Herren.* Die Aufnahme dieses Stückes, das am Ende ihrer lebendigen Geschichte den literarischen Höhepunkt der Commedia dell'arte darstellt, in dieser seiner Textualisierung ein zentraler Fixpunkt der neueren italienischen Theaterreform, führte zur Auseinandersetzung des Regisseurs und seiner Schauspieler mit der verlorengegangenen Bedeutung des Masken- und Typentheaters und – aus ihr heraus – zur Wiederbelebung der Spielweisen, die von ihm gefordert werden. Eine besondere, über sich selbst hinausweisende Bedeutung kommt diesem Ereignis der neueren Inszenierungsgeschichte jedoch deshalb zu, weil hintergründig über den Rekurs auf verschüttete Traditionen ein Ausbruch aus verkrusteter Theaterpraxis unternommen wurde. Deren wachgerufene und überraschend aktuell demonstrierte Dynamik sollte den Staub wegblasen, der sich übers Theater gelegt hatte, und mithelfen, etwas von seiner ursprünglichen Leistungsfähigkeit und Faszinationskraft neu unter Beweis zu stellen, gerade auch für solche Publikumskreise, die mit ihrer zunehmend glänzenderen Ausstattung der Bühnenkunst verlorengegangen waren oder gar nicht mehr zu ihr hingefunden hatten. Mitten im Aufbruch eines neuen Kulturkonservatismus nach dem Zweiten Weltkrieg, der in den Schauspielhäusern allenfalls durch existentialistische Problemstücke in Frage gestellt wurde, liegt hier das Exzeptionelle und Zukunftsweisende von Strehlers Unternehmung. Von der Uraufführung zu allen Reinszenierungen war denn auch die Begeisterung der Kritik einhellig; als Beispiel die Reaktion Jan Kotts aus dem Jahre 1958: »Bisher war jede theatralische Rekonstruktion – und es hat viele gegeben – ein totgeborenes Kind. Im besten Fall war es ein in Bewegung gesetztes Theatermuseum. Die Mailänder Inszenierung des *Dieners zweier Herren* ist in Kostümen, Masken, Gesten, Musik und Choreographie eine getreue und genaue Rekonstruktion der alten Commedia dell'arte. Und doch ist es eine erfrischende Aufführung, erfrischend wie eine kalte Dusche. Letztendlich Theater, wahres Theater, Theater, wie wir es uns geträumt haben. / Zweifellos erfordert es eine perfekte schauspielerische Technik. Um eine solche Reinheit der Gestik und eine solche Gelöstheit in anscheinenden Improvisationen zu erreichen, waren monatelange

Proben und jahrelange Ausbildung nötig. Was uns an der Aufführung entzückt, ist jedoch nicht die Technik, sondern die Authentizität, die strahlende Lebensfreude. / Jede Geste, jede Situation ist stilisiert, geschliffen und vollendet. Und doch haben wir den Eindruck, daß alles zum erstenmal stattfindet, daß es ein Einfall des Augenblicks ist und wir die einzigen sind, die es jemals sehen werden. Diese Rückkehr zur Commedia dell'arte ist zugleich eine hinreißende Offenbarung der wahren Natur des Theaters. Harlekins Rückkehr ist ein Triumph.«[13]

Dabei ist Strehlers inszenatorische Tat – sieht man von der langen Laufzeit der Goldoni-Aufführung selbst einmal ab – zunächst scheinbar folgenlos geblieben; gerade die Einschränkung auf einen Commedia-dell'arte-Autor verhinderte vielleicht sogar, daß das wiederentdeckte Spiel mit der ›Maske‹ unmittelbar auf die moderne Dramatik einwirken und sich als Zündstoff erweisen konnte. Um so explosiver setzten sich in jüngeren und jüngsten Theaterbewegungen, die in aller Regel außerhalb des etablierten Schauspielbetriebs angesiedelt waren, entsprechende Trends zum Masken- und nun auch wieder Stegreiftheater durch und gewannen Einfluß auf die Darstellungskonzeption und auf die Konstellationen zwischen Schauspielern und Publikum. Die Organisation der Akteure zu ›Truppen‹, die sich ihr eigenes dramatisches Modell und ihre eigenen Stücke erarbeiten, hat schlagartig einen ganz neuen Stellenwert erhalten; die Körpersprache wird in ihrer zentralen Funktion restituiert; die Grenzen zwischen Bühnengeschehen und Zuschauerraum werden niedergerissen. Entschieden wählte man neben den bekannten ›festen Häusern‹ wieder die Straße – daher die wirkliche Berechtigung des Begriffs ›Straßentheater‹ –, wählte man offene Plätze und leere Fabrikhallen zu Spielräumen. Als solche Theatertruppen, die in den beiden letzten Jahrzehnten bewußt und unbewußt Commedia-dell'arte-Adaptionen vollzogen haben, sind für die Vereinigten Staaten das *Bread and Puppet Theatre, El Teatro Campesino* und *San Francisco Mime Troupe,* für England das *Welfare State Theatre* und *Monstrous Regiment,* für Italien die Formationen *Luca Ronconi* und *Dario Fo* zu nennen. Allerdings sind, der Internationalität dieser jüngsten Strömungen im zeitgenössischen Theater entsprechend, die Masken-Bezüge nun ihrer Herkunft nach gemischt und greifen – im Sinne der einleitend an zweiter Stelle zitierten Tagebuchnotiz Hugo Balls – über die Anregungen, die das italienische Harlekin- und Pulcinellentheater gegeben hat und seiner Natur nach geben konnte, weit hinaus – etwa auf ostasiatische Traditionen oder die Vielfalt afrikanischer und indianischer Ausfaltungen. Spontane Kreativität schützt dabei vor falscher Nachahmung, falscher Archaisierung und Exotik; im Gegenteil: gerade dieses Theater sucht den aktuellen Bezug, greift brennende Themen der Zeit wie das Morden in Vietnam auf, nimmt Partei, mischt sich ein. Bezeichnenderweise heißt es deshalb in einem Szenariumstext des *Bread and Puppet Theaters,* daß die Kostüme nicht vorhergeplant und aufgezeichnet, sondern aus dem Körper des Spielers heraus entwickelt sind; und nicht weniger bezeichnend stellt sich in einer programmatischen Äußerung der Truppe ein enger und zugleich vieldeutiger, in seiner konkreten Gestaltung ins Komische wie ins Tragische akzentuierbarer Zusammenhang zwischen »Beweggründe der Menschen verstehen«, »sich an diesen Gründen bewegen« und, entscheidend für unsere Perspektive, die von der Commedia dell'arte ihren Ausgang nahm, »Bewegen lernen« her – im dreifachen Sinn einer Einübung in artistisch-körperliches Verhalten, einer Erprobung emotionaler Kräfte und einer Veränderung der Zustände, wie sie sind, im Spiel.

Harlekin und Pantalone, Rötelzeichnung von P. L. Ghezzi (1674–1755)

1 Giorgio Strehler, *Für ein menschlicheres Theater, Theater-Konzept in der Zeit und in der Gesellschaft,* Frankfurt/Main 1977, S. 118.

2 Hugo Ball, *Die Flucht aus der Zeit,* Luzern 1946, S. 89f. Aufschlußreich auch die Fortführung des Zitats, das verdeckt auf die Commedia dell'arte Bezug nimmt (Lazzi vom Fliegenfangen und dergl.): »Wir sahen uns jetzt die aus Pappe geschnittenen, bemalt und beklebten Dinger genauer an und abstrahierten von ihrer vieldeutigen Eigenheit eine Anzahl von Tänzen, zu denen ich auf der Stelle je ein kurzes Musikstück erfand. Den einen Tanz nannten wir Fliegenfangen. Zu dieser Maske paßten nur plumpe tappende Schritte und einige hastig fangende, weit ausholende Posen, nebst einer nervösen schrillen Musik. Den zweiten Tanz nannten wir Cauchemar. Die tanzende Gestalt geht aus geduckter Stellung geradeaus aufwachsend nach vorn. Der Mund der Maske ist weit geöffnet, die Nase breit und verschoben. Die drohend erhobenen Arme der Darstellerin sind durch besondere Röhren verlängert. Den dritten Tanz nannten wir Festliche Verzweiflung. An den gewölbten Armen hängen lang ausgeschnittene Goldhände. Die Figur dreht sich einige Male nach links und nach rechts, dann langsam um ihre Achse und fällt schließlich blitzartig in sich zusammen, um langsam zur ersten Bewegung zurückzukehren. / Was an den Masken uns allesamt fasziniert, ist, daß sie nicht menschliche, sondern überlebensgroße Charaktere und Leidenschaften verkörpern. Das Grauen dieser Zeit, der paralysierende Hintergrund der Dinge ist sichtbar gemacht.«

3 Strehler, a.a.O., S. 120.

4 Strehler, a.a.O., S. 123.

5 Jacques Callot, *Das gesamte Werk,* München 1971, Bd. 1, S. 110f.

6 A. K. Dshiwelegow, *Commedia dell'arte, Die italienische Volkskomödie,* Berlin 1958, S. 110f.

7 Dshiwelegow, a.a.O., S. 115.

8 Niccolò Barbieri, *La supplica, discorso famigliare di Niccolò Barbieri detto Beltrame, diretta a quelli che scrivendo o parlando trattano de'Comici trascurando i meriti dell'azioni virtuose,* Venedig 1634, zit. nach Dshiwelegow, S. 202f.

9 Wolfram Krömer, *Die italienische Commedia dell'arte,* Darmstadt 1976, S. 81.

10 Johann Christoph Gottsched, *Ausgewählte Werke*, hrsg. v. Joachim und Brigitte Birke, Bd. VI, S. 337ff.; dieses und das folgende Zitat S. 342f. u. 349f.

11 Krömer, a.a.O., S. 62.

12 E. T. A. Hoffmann, *Sämtliche Werke,* hrsg. v. Eduard Grisebach, Leipzig o.J., Bd. 1, S. 9f.

13 Jan Kott, *Spektakel-Spektakel, Tendenzen des modernen Welttheaters,* München 1972, S. 50ff.

14 *Puppen und Masken, Das Bread and Puppet Theater, Ein Arbeitsbericht* von Peter Schumann, Bilder von Wayne Greene, Frankfurt/Main 1973, o. S. (s. *Einführung*).

III
SZENARIUMSTEXTE

Titelillustrationen zu Szenariumstexten, Anfang 17. Jahrhundert

DER EHEMANN
Aus Flaminio Scalas Sammlung

Inhalt: In Neapel lebten zwei Alte, der eine hieß Pantalone, der andere Dottore Graziano. Pantalone hatte einen Sohn namens Orazio und der Dottore eine Tochter Isabella. Die beiden waren von Kindheit an miteinander erzogen worden und hegten große Freundschaft und Liebe füreinander; sie waren fast ständig beisammengewesen, und die lange Freundschaft, die sie seit ihren Kinderjahren verband, hatte sie einander sehr nahegebracht. Pantalone wollte nicht, daß sein Sohn Isabella heirate, denn er selbst war reich, während sie zwar einer guten Familie entstammte, jedoch kein großes Vermögen besaß. Daher nahm er den Vorwand zu Hilfe, daß er in Lyon, in Frankreich, wichtige Geschäfte zu erledigen habe, und richtete es so ein, daß seine in Lyon wohnenden Verwandten sich mit der Bitte an ihn wandten, er möge seinen Sohn dorthin entsenden. Der junge Orazio mußte fahren und sich von Isabella trennen. Er sagte ihr jedoch, daß er in drei Jahren bestimmt nach Hause zurückkehren werde, und bat sie, inzwischen keinen anderen Mann zu erhören. Falls er nach drei Jahren noch nicht zurückgekehrt sei, möge sie tun, wie ihr beliebe. Er hoffe jedoch, sogar noch vor der gesetzten Frist zurückzukehren. Als Orazio fortgereist war, wartete die Jungfrau geduldig, als sie jedoch erkannte, daß die Frist bereits ihrem Ende zuging, ohne daß ihr Geliebter zurückgekehrt war, begann sie den abwesenden Orazio in Gegenwart ihrer Amme Franceschina mit Vorwürfen zu überhäufen. Die Amme war jedoch davon überzeugt, daß nicht Orazio, sondern Pantalone an der Verzögerung schuld sei, weil der Alte danach trachtete, seinen Sohn so lange fernzuhalten, bis Isabella sich verheiratet hatte und Orazio sie nicht mehr zur Frau nehmen konnte. Franceschina versprach Isabella, ihr nach Kräften behilflich zu sein. Nachdem sie genügend Wertsachen und Geld beisammen hatte, bat sie einen Arzt, ihr ein ungefährliches Schlafmittel zu geben, und nahm es ein. Nach einiger Zeit lähmte die Arznei alle ihre Empfindungen, und sie lag da wie tot. Jedermann glaubte, daß sie gestorben sei, und man trug sie zu Grabe. Danach wurde sie mit Hilfe des Arztes bei Nacht wieder aus dem Grabe geholt und begab sich alsbald nach Rom. Dort lebte sie ein ganzes Jahr lang in Männerkleidung, kehrte darauf unter dem Namen Cornelio nach Neapel zurück, schloß Freundschaft mit dem Dottore und bat ihn um die Hand seiner Tochter. Der Dottore war fest davon überzeugt, daß Franceschina ein römischer Edelmann sei, und gab ihr seine Zustimmung. Als Pantalone sah, daß von Isabellas Seite keinerlei Hindernisse mehr zu befürchten waren, gestattete er Orazio, nach Neapel zurückzukehren. Was weiter geschah, zeigt das Stück.

Personen der Handlung

Pantalone	
Pedrolino	sein Diener
Olivetta	seine Zofe
Orazio	sein Sohn
Flaminia	seine Ziehtochter
Graziano	Dottore
Arlecchino	sein Diener
Isabella	seine Tochter

Cornelio	deren Ehemann (zugleich deren Amme Franceschina)
Capitano Spavento	

Requisiten: Viele Laternen und viele Hemden, um Arlecchino als Frau zu verkleiden.
Ort der Handlung: Neapel

Erster Akt

Orazio vertraut dem Capitano an, warum er nicht will, daß man von seiner Rückkehr in die Stadt erfährt. Der Grund ist seine Liebe zu Isabella und sein Wunsch, sie zu sehen und zu sprechen, bevor er sich zu seinem Vater begibt. Der Capitano will ihm diese Liebe ausreden und erinnert ihn daran, daß Isabella verheiratet ist. Orazio erwidert, er habe nicht die Kraft, auf Isabella zu verzichten. Der Capitano bietet ihm an, in seinem Hause Wohnung zu nehmen. Orazio bleibt allein und beklagt den Tod der Franceschina, Isabellas Amme.

In diesem Augenblick erscheint Pedrolino auf der Bühne und sagt, er habe geträumt, daß Orazio zurückgekehrt sei. Er sieht ihn. Sie überschütten einander mit Liebkosungen und reden von Isabella und Franceschina (Franceschina ist die Frau Pedrolinos) und gehen dann traurig ab.

Pantalone ruft aus dem Hause nach Pedrolino. Dottore Graziano ruft aus seinem Hause nach Arlecchino. Die beiden Alten treten auf. Pantalone beklagt sich über Pedrolino, der ihm zu geschäftig ist, und Graziano über Arlecchino, der ein so arger Hasenfuß sei. Pantalone freut sich, daß der Dottore seine Tochter an den jungen Römer verheiratet hat, und sagt, er würde seine Ziehtochter Flaminia, die

Tochter Cassandros, ebenfalls sehr gern verheiraten. Graziano empfiehlt sich selbst als Mann für Flaminia. Pantalone erwidert, er wolle es sich überlegen. Graziano sagt, er werde Arlecchino schicken, um Pantalones Entscheidung einzuholen, und geht ab. Pantalone bleibt zurück und sagt, daß er selbst in Flaminia verliebt sei und sie dem Dottore nur zur Frau geben wolle, um sie dann selbst besitzen zu können, weil der Dottore arm, er selbst jedoch reich sei. Er ruft Flaminia.

Flaminia hört, daß man beabsichtige, sie zu verheiraten, und verspricht, sie wolle es sich überlegen. Pantalone überredet sie, ihre Zustimmung zu einer Ehe mit dem Dottore zu geben, und schickt sie dann nach Hause; anschließend bittet er Olivetta, sie möge Flaminia zureden, ihn selbst zu erhören, und geht fort. Olivetta lacht über Pantalone und spricht davon, daß sie selbst in Arlecchino verliebt sei.

In diesem Augenblick sieht sie der Capitano Spavento und erkundigt sich bei ihr nach Flaminias Ergehen (er und Flaminia lieben einander). Olivetta sagt, der Capitano sei gerade im rechten Augenblick gekommen, und ruft Flaminia.

Flaminia berichtet dem Capitano alles, was Pantalone und Graziano sich ausgeklügelt haben. Sie schwören einander von neuem die Treue und verabreden, daß Flaminia dem alten Dottore zum Schein das Jawort geben solle, um bei dieser Gelegenheit bei Isabella ein gutes Wort für Orazio einlegen zu können, weil der Capitano ihr inzwischen bereits von Orazios Rückkehr berichtet und alles offenbart hat. Die Frauen gehen in die Häuser, der Capitano geht die Straße entlang.

Pedrolino paßt es gar nicht, daß Orazio mit Isabella

sprechen will; zuletzt entschließt er sich doch zu tun, was Orazio ihm aufgetragen hat, und klopft an die Tür.

Cornelio, Isabellas Mann, antwortet aus dem Hause. Pedrolino versteckt sich. Cornelio kommt heraus, sieht ihn, tut aber so, als ob er ihn nicht bemerkt habe, und ruft seine Frau Isabella.

Isabella spielt eine Eifersuchtsszene. Cornelio entfernt sich. Pedrolino, der alles mit angesehen hat, fängt an zu weinen. Von Isabella nach dem Grund seiner Tränen befragt, erwidert er, er habe an seine Franceschina denken müssen. Isabella sagt, wer einmal wirklich geliebt habe, könne seine Liebe niemals vergessen, und wahre Liebe könne überhaupt nichts vergessen. Als Pedrolino ihre Worte hört, erzählt er ihr, daß Orazio zurückgekehrt sei. Isabella lehnt jedoch ab, mit ihm zu sprechen, und weist darauf hin, daß sie verheiratet sei und ihre Ehre nicht beflecken wolle. Sie fügt hinzu, sie wisse jetzt sehr wohl, daß Orazio sie niemals geliebt habe.

In diesem Augenblick sieht Orazio sie, er will auf sie zugehen; als sie jedoch seiner ansichtig wird, fällt sie in Ohnmacht. Orazio weint, und auch Pedrolino bricht in Tränen aus.

Als Arlecchino vom Hause aus sieht, daß Isabella daliegt wie tot, fängt er ebenfalls an, sie zu beweinen. Mit Pedrolinos Hilfe trägt er sie ins Haus, während Orazio weinend davongeht. Damit endet der erste Akt.

Zweiter Akt

Olivetta tritt auf, sie ist von Flaminia geschickt worden, um bei Isabella ein gutes Wort für Orazio einzulegen.

Pedrolino tritt aus Isabellas Haus und hört, wie Olivetta im Namen Orazios und des Capitanos mit Isabella spricht.

Pedrolino schickt sie nach Haus und sagt, sie möge ihm die ganze Angelegenheit überlassen. Sie geht nach Hause, er bleibt auf der Straße zurück.

Indessen kommen Orazio und der Capitano, ganz in ein Gespräch über das Vorgefallene vertieft. Sie sehen Pedrolino, der ihnen mitteilt, daß es Isabella wieder besser gehe. Beide freuen sich darüber. Pedrolino bittet sie, sie möchten Graziano gegenüber so tun, als ob sie bereits von seiner Verlobung mit Flaminia wüßten, um sich besser über ihn lustig machen zu können, da er die beiden ja nicht kenne.

In diesem Augenblick kommt Graziano fröhlich aus seinem Hause und sagt, er wolle Arlecchino zu Pantalone schicken, um den Bescheid einzuholen. Orazio und Capitano begrüßen ihn und sagen, sie wollten ihm Glück wünschen, da bereits die ganze Stadt von seiner bevorstehenden Hochzeit spräche. Darauf entfernen sie sich. Graziano ruft Arlecchino.

Arlecchino kommt. Graziano sendet ihn zu Pantalone, um Antwort zu holen, und geht selbst davon. Arlecchino freut sich, daß er Olivetta bekommen soll.

Pedrolino hat, etwas abseits stehend, alles mit angehört. Er sagt zu Arlecchino, er selbst wolle zu Graziano gehen und ihm mitteilen, daß Flaminia auf jeden Fall seine Frau würde. Dann fügt er noch hinzu, daß Arlecchino Olivetta zur Frau erhalten werde. Für diese freudige Nachricht will er eine Belohnung. Auf Arlecchinos Frage, was er denn verlange, erwidert Pedrolino, er wolle nichts als Gelegenheit, mit Isabella zu sprechen, um ihr Orazios Liebe zu offenbaren. Arlecchino haßt Cornelio, Isabellas Mann, daher stimmt er zu und ruft Isabella.

Isabella kommt. Pedrolino und Arlecchino reden auf sie ein, sie möge Orazios Bitten erhören. Sie bleibt zunächst standhaft, gibt jedoch schließlich ihrem Drängen nach und willigt in ein Wiedersehen mit Orazio ein. Pedrolino macht sich hocherfreut auf den Weg zu Orazio. Arlecchino sucht Isabella dazu zu überreden, nicht nur Orazio, sondern noch vielen anderen edlen Männern, die sie verehren, ihre Gunst zu schenken, und preist das Leben der Kurtisanen.

Hier tritt Cornelio auf, der, etwas abseits stehend, alles mitangehört hat. Arlecchino befürchtet, er könnte etwas gehört haben, sucht seinen Argwohn zu zerstreuen und sagt ihm daher, er sei der Ehemann der tugendhaftesten Frau in der ganzen Stadt. Cornelio und Isabella ziehen sich nach einer zeremoniellen Verbeugung ins Haus zurück; Arlecchino freut sich, daß es ihm gelungen ist, Isabella vom rechten Wege abzubringen, er geht ab.

Pantalone im Selbstgespräch. Er hofft, daß Olivetta Flaminia seinem Wunsche gemäß dazu überredet hat, Graziano zum Manne zu nehmen.

Olivetta kommt und sagt, Flaminia sei einverstanden. Pantalone ist hocherfreut.

Arlecchino fragt Pantalone, was für einen Bescheid er dem Dottore Graziano über die geplante Heirat bringen könne. Pantalone erwidert ihm, die Braut sei's zufrieden, und er wolle Olivetta schicken, um dem Bräutigam diese Kunde zu bringen. Er geht ins Haus. Arlecchino und Olivetta bleiben zurück und sprechen über ihre Liebe.

Pedrolino kommt und freut sich mit ihnen. Dann überredet er sie dazu, eine Nacht zusammen in Freuden zu verbringen, und verspricht ihnen, eine Möglichkeit dafür zu finden. Die beiden freuen sich. Pedrolono bittet sie, Graziano und Cornelio aus dem Hause herauszulocken, damit Olivetta ungestört mit Isabella sprechen kann. Sie klopfen an.

Cornelio sagt, Graziano sei ausgegangen.

In diesem Augenblick tritt Graziano auf. Die Diener teilen ihm mit, die Braut sei einverstanden, und reden ihm zu, ihr ein wertvolles Geschenk zu machen. Graziano und Cornelio gehen zum Juwelier, und die Diener entfernen sich.

Pedrolino und Orazio kommen, um mit Isabella zu sprechen, die allein zu Haus geblieben ist. Sie klopfen an.

Isabella kommt heraus. Orazio spricht zu ihr von seiner Leidenschaft für sie. Er führt zu seiner Rechtfertigung eine ganze Reihe von Gründen an, warum er sein Versprechen nicht einhalten und nicht rechtzeitig zurückkehren konnte. Sie entschuldigt sich ihrerseits, daß sie nicht auf ihn gewartet hat, und beschwört ihn bei seiner Liebe, sich zu entfernen, weil sie Angst hat, sonst einen unüberlegten Schritt zu tun. Orazio gehorcht ihr und geht mit Pedrolino zusammen fort, zufrieden darüber, daß er sie überhaupt gesehen hat. Isabella bleibt allein und sagt, daß es sie übermenschliche Anstrengung gekostet habe, sich nicht zu verraten. Sie ist überzeugt, daß Orazio sie noch mehr liebe als je zuvor.

Cornelio kommt. Isabella berichtet ihm alles, was sich zugetragen hat, und meint, es sei jetzt wohl an der Zeit, ihren Betrug aufzudecken. Sie sprechen viel darüber, daß die Natur eben ihr Recht verlangt, dann umarmen sie sich und gehen ins Haus. Damit endet der zweite Akt.

Dritter Akt

Pantalone ist unruhig, weil Olivetta so lange ausbleibt. Er spricht von seiner leidenschaftlichen Liebe zu Flaminia.

Pedrolino kommt und erfährt von Pantalone, daß er in Flaminia verliebt sei. Er meint, es wäre doch töricht, wenn jener nicht alles daransetzen würde, sie als erster zu besitzen. Pantalone stimmt ihm zu.

Graziano kommt mit Olivetta, sie tragen kostbaren Schmuck und andere Geschenke für die Braut mit sich. Sie begrüßen Pantalone und schicken Pedrolino aus, um Flaminia zu rufen. Sie sprechen davon, daß sie schon bald verschwägert sein werden.

Hier erscheinen Flaminia und Pedrolino, der ihr zuraunt, sie möge sich nur ganz auf ihn verlassen. Sie reicht dem Dottore die Hand, nimmt die Geschenke entgegen und geht mit Pantalone und Olivetta ab ins Haus. Olivetta sagt zu Pedrolino: »Vergeßt mich nicht!«

Pedrolino teilt Graziano mit, die Braut sei bereit, die nächste Nacht mit ihm zu verbringen. Sie beratschlagen, wie sie das bewerkstelligen wollen, und Pedrolino sagt, wenn alles bereit sei, wolle er dem Dottore ein Zeichen geben. Er bittet Graziano, ins Haus zu gehen und Arlecchino herauszuschicken. Pedrolino allein. Er sagt, er wolle den Alten ein Schnippchen schlagen und den Jungen helfen.

Arlecchino kommt. Pedrolino gibt ihm den Rat, sich als Frau zu verkleiden. Sobald er, Pedrolino, ihm ein Zeichen gibt, solle er hervorkommen, damit er ihn, wie verabredet, zu Olivetta führen könne. Er schickt Arlecchino, der Isabella bitten soll, herauszukommen, und bleibt allein zurück.

In diesem Moment erscheint Pantalone und bittet Pedrolino, er möge es so einrichten, daß er, Pantalone, eine Nacht mit Flaminia verbringen könne. Pedrolino erwidert, er solle nur getrost nach Hause gehen, er könne gewiß sein, daß er, Pedrolino, ihm im richtigen Augenblick ein Zeichen geben werde. Er habe, so berichtet Pedrolino, dem Dottore versprochen, daß Flaminia die Nacht mit ihm verbringen werde; er werde jedoch Olivetta an Stelle von Flaminia zum Dottore schicken. Wenn er Flaminia des Nachts aus dem Hause geführt hätte, würde sie in Pantalones Haus zurückkehren, und so werde Olivetta die Nacht bis zum Morgengrauen beim Dottore zubringen und Flaminia bei Pantalone, und der törichte Dottore würde in der Dunkelheit gar nicht feststellen können, mit wem er die Nacht verbracht habe. Pantalone geht zufrieden ab, und Pedrolino bleibt allein zurück.

Isabella kommt. Pedrolino teilt ihr mit, daß er ihr ein Stelldichein mit Orazio ermöglichen wolle. Nachdem Pedrolino sie mehrmals gebeten hat, willigt sie schließlich ein, Orazio des Nachts bei sich zu empfangen, allerdings nur unter der Bedingung, daß auch Pedrolino mit Orazio käme und sich zu ihrem Manne ins Bett legte, solange sie mit Orazio zusammen ist. Pedrolino verspricht nach einem Augenblick des Zögerns zu kommen. Isabella geht ins Haus, und Pedrolino geht ab, um Orazio zu holen.

Flaminia am Fenster. Sie fürchtet, daß Pedrolino ihr einen Streich spielen wolle, und bereut, dem Dottore ihre Hand versprochen zu haben.

Der Capitano kommt. Sie berichtet ihm, was sich zugetragen hat, und verspricht ihm, daß sie die Nacht gemeinsam verbringen sollen, sie jedoch noch keine Ahnung habe, wie sie das bewerkstelligen sollen. Der Capitano spricht ihr Mut zu.

Orazio kommt. Es gibt ein freudiges Wiedersehen. Flaminia fragt ihn nach Pedrolino. Orazio antwortet ihr, er wisse nicht, wo Pedrolino im Augenblick gerade steckt, und sagt, daß die Nacht bald hereinbricht. Flaminia entfernt sich vom Fenster. Orazio und Capitano bleiben zurück. Pedrolino kommt, sieht die beiden verliebten jungen Leute, bittet sie, etwas zur Seite zu gehen, und sagt ihnen, sie würden bald erhalten, wonach sie sich sehnten. Sie treten zurück. Pedrolino gibt das verabredete Zeichen.

Arlecchino, als Frau verkleidet, tritt auf. Pedrolino führt ihn beiseite. Dann macht er Pantalone ein Zeichen, der ebenfalls hervorkommt. Pedrolino gibt ihm Arlecchino, den Pantalone für Flaminia hält und zu sich ins Haus führt. Darauf gibt Pedrolino dem Dottore ein Zeichen.

Graziano kommt. Pedrolino führt ihn beiseite und gibt Olivetta ein Zeichen. Olivetta tritt auf.

Pedrolino führt Olivetta dem Dottore zu, der sie für Flaminia ansieht und in sein Haus geleitet. Nun gibt Pedrolino Flaminia ein Zeichen. Flaminia kommt, Pedrolino führt sie dem Capitano zu, und sie gehen gemeinsam fort, um ihre Zeit in Freude zuzubringen.

Pedrolino macht Isabella ein Zeichen. Sie kommt heraus, er führt ihr Orazio zu. Sie gehen ins Haus. Auch Pedrolino geht ins Haus, um sich neben Cornelio zu legen.

Pantalone im Hemd, mit Pistole und Leuchter in der Hand, springt aus seinem Hause. Er verfolgt Arlecchino, der vor ihm Reißaus nimmt und laut schreit, daß Pedrolino ihn angeführt habe, als er ihm versprach, ihn mit Olivetta zu vereinigen. Pantalone sagt, er höre Lärmen im Hause, und geht hinein. Arlecchino bleibt zurück. Da ruft Pantalone aus dem Hause: »Helft, helft, gute Leute!« Aus dem Hause kommt Capitano im bloßen Hemde zusammen mit Flaminia; er sagt, sie hätten bereits geheiratet, und Pedrolino habe sie getraut.

Noch mehr Lärm, Olivetta läuft hinaus. Graziano hinterdrein und sagt, Pedrolino habe ihm einen Schabernack gespielt.

Neuer Tumult. Orazio im bloßen Hemd kommt heraus, mit ihm Isabella. Graziano macht ihnen Vorwürfe, sie geben Pedrolino alle Schuld. Wieder Lärmen. Pedrolino im Hemd stürzt heraus, Cornelio hinterdrein. Als Pedrolino sieht, daß Cornelio Zöpfe hat, vermeint er den Geist der toten Franceschina zu sehen.

Orazio offenbart allen, was er von Isabella erfahren hat. Pantalone schilt zunächst auf seinen Sohn, beruhigt sich jedoch wieder.

So heiratet Orazio Isabella, Capitano bekommt seine Flaminia, und Pedrolino nimmt – Cornelio, Isabellas Mann, unter dessen Maske sich Pedrolinos Frau Franceschina verbarg.

Damit endet die Komödie.

Titelillustrationen zu Szenariumstexten, Anfang 17. Jahrhundert

DIE EIFERSÜCHTIGEN VERLIEBTEN

Eine Komödie

Aus der Sammlung des Grafen Casamarciano

Personen der Handlung

Giangurgolo	
Luzio	sein Sohn
Coviello	dessen Diener
Pasquariello	
Vittoria	seine Tochter
Fiammetta	deren Zofe
Angela	
Flaminio	
Pulcinella	Flaminios Diener
Brunetta	Angelas Zofe

Requisiten: Ein Sack; Kleidung eines Magiers; Stöcke,
Ort der Handlung: Neapel

Erster Akt

1. Szene

Giangurgolo und Pasquariello. Sie sprechen davon, daß sie bald verschwägert sein werden, denn Pasquariello will seine Tochter Vittoria Giangurgolos Sohn Luzio zur Frau geben. Pasquariello geht ab. Giangurgolo klopft. Coviello erscheint.

2. Szene

Coviello und Giangurgolo. Coviello erfährt von Giangurgolo von der Abmachung der beiden Alten; er treibt seine lazzi. Dann deutet er an, daß Luzio doch Angela liebe; Giangurgolo geht ab; Coviello bleibt zurück.

3. Szene

Luzio und Coviello. Luzio kommt und spricht von seiner Liebe zu Angela; er sieht Coviello, der ihm nach mancherlei lazzi mitteilt, sein Vater wolle ihn mit Vittoria verheiraten; jener ist verzweifelt, liebt er doch Angela. Er bittet Coviello, sie zu rufen. Sie klopfen an.

4. Szene

Brunetta und die Vorigen. Brunetta kommt. Sie treibt ihre lazzi mit Coviello; beider Szene; darauf ruft sie Angela.

5. Szene

Angela und die Vorigen. Coviello; seine lazzi mit heißem und kaltem Wasser; dann kommt Luzio, es entspinnt sich eine Liebesszene zwischen ihm und Angela; sie schwören einander die Treue; die Frauen gehen ins Haus, die Männer entfernen sich.

6. Szene

Flaminio und Pulcinella. Der eine spricht von seiner Liebe zu Vittoria, der andere zu Fiammetta; sie wollen sie herausrufen.

7. Szene

Pasquariello, Vittoria, Fiammetta und die Vorigen. Pasquariello kommt, er ist böse auf seine Tochter und besteht darauf, daß sie Luzio heiraten soll; Flaminio und Pulcinella treiben unterdessen heimlich ihre Possen, kommen dann in den Vordergrund und setzen ihr Gespräch fort; Pasquariellos Verdacht wird immer mehr bestärkt, er schreit seine Tochter an und geht zu Giangurgolo, um den Ehevertrag mit ihm abzuschließen; die Frauen bleiben zurück, es kommt zu einer Liebesszene der einen mit Flaminio, der anderen mit Pulcinella; Vittoria sagt, ihr Vater wolle sie mit Luzio verheiraten; sie meint nicht anders, als daß es Luzios Wunsch sei; Flaminio ist erzürnt über Luzio und verspricht, die Hochzeit zu vereiteln; die Frauen gehen ins Haus, die Männer bleiben zurück. Luzio und Coviello treten auf.

8. Szene

Luzio, Coviello, Flaminio und Pulcinella. Luzio begrüßt Flaminio, der mit bösem Gesicht auf und ab geht; beide machen alle möglichen lazzi; zuletzt sprechen sie sich miteinander aus; der eine liebt Angela, der andere Vittoria; sie verabreden, daß Luzio nur zum Schein Vittorias Ehemann werden solle, in Wirklichkeit werde es jedoch Flaminio sein; sie schließen eine Übereinkunft. Flaminio und Pulcinella gehen ab; Luzio und Coviello bleiben; die Alten treten auf.

9. Szene

Pasquariello, Giangurgolo, Coviello und Luzio. Sie sehen Luzio und sagen ihm, der Ehevertrag sei bereits abgeschlossen; jener tut so, als sei er hocherfreut darüber. Er klopft.

10. Szene

Vittoria, Fiammetta und die Vorigen. Pasquariello befiehlt Vittoria, Luzio die Hand zu reichen; sie will nicht, wird jedoch gezwungen, es zu tun.

11. Szene

Angela, Brunetta und die Vorigen. Sie beobachten alles, was sich abspielt; Angela ist böse; alle gehen ab. Angela und Brunetta bleiben zurück; dann schickt Angela ihre Zofe ins Haus, sie selbst bleibt zurück und gibt sich ihrer Verzweiflung hin.

12. Szene

Coviello und Angela. Coviello kommt und sagt zu Angela, er wolle ihr mitteilen, was er sich ausgedacht habe; als Angela seiner ansichtig wird, läßt sie ihn gar nicht erst zu Worte kommen, sondern versetzt ihm mit voller Kraft einen Stockhieb und geht ab. Coviello ist ganz verblüfft und bleibt zurück.

13. Szene

Fiammetta und Coviello. Fiammetta spielt eine Liebesszene mit Coviello.

14. Szene

Pulcinella und die Vorigen. Pulcinella macht im Hintergrund seine lazzi, dann tritt er hervor und beginnt Fiammettas wegen einen Streit mit Coviello.

15. Szene

Brunetta und die Vorigen. Es entspinnt sich eine Eifersuchtsszene. Zwischen Männern und Frauen kommt es zu einem lärmenden Streit, damit endet der Akt.

Zweiter Akt

1. Szene

Giangurgolo, Luzio und Coviello. Giangurgolo sagt zu seinem Sohn, er solle zu seiner Frau gehen, da er beabsichtige, deren Eltern einzuladen; dann geht er ab. Coviello erzählt Luzio, daß Angela ihn verprügelt habe. Luzio klopft bei Angela.

2. Szene

Angela, Luzio und Coviello. Angela überschüttet Luzio mit Vorwürfen: sie habe gehört, daß er gesagt habe, er liebe sie nicht mehr; sie schlägt ihm die Tür vor der Nase zu und geht ab. Luzio ist verzweifelt. Giangurgolo kommt.

3. Szene

Giangurgolo, Coviello und Luzio. Giangurgolo teilt ihnen mit, er habe Vittorias Eltern zu Gast geladen; Luzio gibt vor, den Verstand verloren zu haben.

4. Szene

Angela und die Vorigen. Angela streitet sich aus dem Fenster heraus mit Luzio; Giangurgolo treibt seine lazzi; schließlich entfernt sich Angela; Giangurgolo befiehlt seinem Sohn, er solle zu seiner Frau gehen; Luzio treibt allerlei Unsinn und geht ab. Coviello äfft Luzio nach und geht ebenfalls ab. Danach geht auch Giangurgolo.

5. Szene

Flaminio und Pulcinella. Sie wollen erfahren, was für einen Plan Coviello erdacht hat.

6. Szene

Angela, Brunetta und die Vorigen. Angela fragt Flaminio, wer sein bester Freund sei; jener erwidert, das sei Luzio; Angela sagt, Luzio sei ein Betrüger, da er sich anschicke, Flaminios Geliebte Vittoria zu heiraten. Flaminio tröstet sie und sagt, Luzio liebe nur sie allein und Coviello habe diese List nur aus Liebe zu seinem Herrn ersonnen; er entdeckt ihr den ganzen Plan. Angela umarmt ihn voller Freude.

7. Szene

Vittoria, Fiammetta und die Vorigen. Vittoria und Fiammetta kommen. Sie haben alles heimlich mitangesehen. Vittoria ist wütend; jene gehen ab, Fiammetta und Vittoria bleiben, dann entläßt sie ihre Zofe. Vittoria bleibt allein zurück und gibt sich ihrer Verzweiflung hin.

8. Szene

Pulcinella und Vittoria. Sobald Vittoria Pulcinella sieht, versetzt sie ihm Stockschläge und geht ab. Er bleibt zurück.

9. Szene

Flaminio und Pulcinella. Pulcinella erzählt, daß Vittoria ihn geschlagen habe, und geht ab. Flaminio klopft.

10. Szene

Vittoria und Flaminio. Als Vittoria Flaminios ansichtig wird, gibt sie ihm einen Backenstreich und verschwindet wieder; jener ist bekümmert und geht ab.

11. Szene

Luzio und Coviello. Beide sind betrübt darüber, daß Angela Luzio nicht mehr liebt. Angela kommt.

12. Szene

Angela und die Vorigen. Als Angela Luzio erblickt, bittet sie ihn um Verzeihung dafür, daß sie ihn für einen Betrüger gehalten hat. Luzio umarmt sie, und die beiden schwören sich erneut die Treue. Angela geht ab ins Haus; Luzio entfernt sich mit Coviello.

13. Szene

Pulcinella allein. Er spricht über das Geschehene. Brunetta kommt.

14. Szene

Brunetta und der Vorige. Brunetta spielt eine Liebesszene mit Pulcinella.

15. Szene

Coviello und die Vorigen. Coviello tritt auf. Er treibt zunächst seine lazzi im Hintergrund, kommt dann nach vorn und fängt Brunettas wegen Streit mit Pulcinella an.

16. Szene

Fiammetta und die Vorigen. Fiammetta macht Pulcinella eine Eifersuchtsszene; Männer und Frauen schlagen Lärm, damit geht der zweite Akt zu Ende.

Dritter Akt

1. Szene

Flaminio und Pulcinella. Sie wollen sich offen mit Vittoria aussprechen und sich versöhnen. Sie klopfen an.

2. Szene

Vittoria und die Vorigen. Sie gestehen ihr alles, versöhnen sich mit Vittoria; Flaminio und Vittoria schwören einander die Treue. Vittoria geht ab; Flaminio ebenfalls. Pulcinella bleibt zurück.

3. Szene

Coviello und Pulcinella. Coviello und Pulcinella versöhnen sich nach mancherlei lazzi; dann gibt Coviello Pulcinella den Rat, wenn er seinem Herrn helfen wolle, so möge er sich als Magier verkleiden und unter dem Vorwand, Luzio sei besessen, verlangen, dessen Teufel auszutreiben. Zu diesem Zweck solle er einen Sack voller Teufel unter das Bett von Luzios Frau schieben; dabei könne er heimlich Flaminio in den Sack setzen. Pulcinella geht ab, um sich zu verkleiden, Coviello bleibt zurück.

4. Szene

Giangurgolo, Pasquariello, Coviello. Coviello berichtet den Alten, Luzio sei vom Teufel besessen, er habe jedoch einen Magier ausfindig gemacht, der ihn heilen könne; die Alten befehlen, den Magier herbeizuführen. Coviello ruft den Magier.

5. Szene

Pulcinella und die Vorigen. Pulcinella im Gewand eines Magiers tritt auf; er treibt seine lazzi, dann sagt er, um Luzio zu heilen, müsse er einen Sack voller Teufel unter das Bett von dessen Frau schieben; die Alten sind's zufrieden, sie gehen und klopfen bei Vittoria an.

6. Szene

Vittoria, Fiammetta und die Vorigen. Die Alten sagen zu Vittoria, wenn sie Coviello sieht, möge sie ihm seinen Sack, in dem allerlei Waren verstaut seien, abnehmen und unter ihr Bett schieben. Coviello raunt Vittoria heimlich zu, das Ganze sei sein Plan, mit dem er ihr helfen wolle, sich mit Flaminio zu vereinigen. Vittoria antwortet den Alten, sie sei einverstanden. Die Frauen ziehen sich ins Haus zurück, die Alten entfernen sich; Pulcinella und Coviello bleiben zurück, der letztere schickt Pulcinella fort, um den Sack zu holen. Pulcinella geht ab, Coviello bleibt zurück.

7. Szene

Flaminio und Coviello. Coviello weiht Flaminio in seinen Plan ein. Jener ist hocherfreut.

8. Szene

Pulcinella und die Vorigen. Pulcinella bringt den Sack, sie setzen Flaminio hinein und klopfen an.

9. Szene

Vittoria, Fiammetta, die Vorigen. Sie nehmen den Sack; alle gehen ab; nur Coviello bleibt zurück.

10. Szene

Luzio und Coviello. Luzio erfährt alles von Coviello und ist sehr froh. Coviello klopft bei Angela.

11. Szene

Angela, Brunetta und die Vorigen. Angela verlobt sich mit Luzio, Brunetta mit Coviello. Pulcinella kommt.

12. Szene

Pulcinella und die Vorigen. Pulcinella bittet Fiammetta, seine Frau zu werden. Coviello sagt, sie gehöre bereits Pulcinella, und alle begeben sich in Vittorias Haus.

13. Szene

Giangurgolo und Pasquariello. Sie wollen nachsehen, ob der Magier Luzio geheilt hat. Sie klopfen an Vittorias Haus.

Letzte Szene

Alle sind auf der Bühne; sie vollführen mancherlei lazzi, um das Stück so lustig wie möglich zu beschließen; das heißt, einer nach dem anderen erscheint auf der Bühne und zeigt seine lazzi, singt lalala oder treibt, aus dem Fenster blickend, allerlei lustigen Unfug; alles das geschieht ganz nach dem Belieben der Darsteller. Danach bittet Coviello das Publikum um Vergebung, die Ehen werden geschlossen, und damit ist das Stück zu Ende.

Apollonio, Mario: *Storia della Commedia dell'arte*. Rom 1930.

Attinger, Gustave: *L'esprit de la commedia dell'arte dans le théâtre français*. Paris 1950. Reprint Genf 1969.

Brenner, Clarence D(ietz): *The Theatre Italien, Its Repertory, 1716–1793, with a historical introduction*. Berkeley, Los Angeles: University of California Press 1961.

Croce, Benedetto: *Intorno alla ›Commedia dell'arte‹*. In: B. C., *Poesia popolare e poesia d'arte*. Bari 1967.

Dshiwelegow, A. K.: *Commedia dell'arte, Die italienische Volkskomödie*. Moskau 1954. Berlin 1958.

Duchartre, Pierre-Louis: *La Commedia dell'arte et ses enfants*. Paris 1955.

Driesen, O.: *Der Ursprung des Harlekin*. Berlin 1904.

Hinck, Walter: *Das deutsche Lustspiel des 17. und 18. Jahrhunderts und die italienische Komödie. Commedia dell'arte und théâtre italien*. Stuttgart 1965.

Kindermann, Heinz: *Die Commedia dell'arte und die Entwicklung des Altwiener Volkstheaters*. In: H. Kindermann u. Margret Dietrich, *Die Commedia dell'arte und das Altwiener Theater* ... Rom 1966.

Kommerell, Max: *Commedia dell'arte*. In M. K., *Dichterische Welterfahrung, Essays*. Frankfurt/Main 1952. (Zuerst in: Blätter der Städtischen Bühnen Frankfurt/Main, 1940/41.)

Krömer, Wolfram: *Die italienische Commedia dell'arte*. Darmstadt 1976.

Kutscher, Anton: *Die Comédia dell'arte in Deutschland*. Emsdetten 1955.

Lea, K. M.: *Italian popular comedy, a Study in the Commedia dell'arte*. 2. Bde. Oxford 1934.

Mic, Constant: *La Commedia dell'arte*. Paris 1927.

Nicoll, Allardyce: *Masks, Mimes, and Miracles*. London 1931. New York 1963.

Nicoll, Allardyce: *The World of Harlequin*. Cambridge 1963.

Pandolfi, Vito: *La Commedia dell'arte, Storia e testo*. 6 Bde. Firenze 1957 ff.

Petraccone, Enzo: *La Commedia dell'arte, Storia Tecnica Scenari*. Neapel 1927.

Rommel, Otto: *Die Commedia dell'arte und ihr Verhältnis zur deutschen Wanderbühne und zur Alt-Wiener Volkskomödie*. In: O. R., *Alt-Wiener Volkskomödie*. Wien 1952.

Sand, Maurice: *Masques et Buffons*. 2 Bde. Paris 1860.

Smith, Winifred: *The Commedia dell'arte*. New York 1912.

Spoerri, Reinhard: *Die Commedia dell'arte und ihre Figuren* ... Zürich 1963.

Zu dieser Ausgabe

Die Abbildungen der Commedia-dell'arte-Figuren sind der zweibändigen Ausgabe der *Masques et Buffons* von Maurice Sand (1823–1889) entnommen, die 1860 in Paris erschienen ist. Der Verfasser, Sohn der Schriftstellerin und französischen Frauenrechtlerin George Sand, die der Publikation ein Vorwort beisteuerte, war nicht nur wissenschaftlich, sondern auch literarisch um die Wiederbelebung des italienischen Theaters in Paris bemüht; Maler und Schriftsteller, der er war, hat er die Figuren auch selbst entworfen. Nicht frei von Willkür in der historischen Charakterisierung der einzelnen Typen, gibt dieser Rekonstruktionsversuch des neunzehnten Jahrhunderts zwar kein authentisches Bild, darf jedoch als künstlerische Leistung ähnlich Aufmerksamkeit beanspruchen, wie die bekannteren und bedeutenderen, ihrerseits nicht voll mit der Realität sich deckenden Zeichnungen und Radierungen Jacques Callots aus dem Anfang des siebzehnten Jahrhunderts. Zeitlich parallel zu Maurice Sands graphisch-wissenschaftlicher Unternehmung photographierte Félicien Tournachon – genannt Nadar – den Schauspieler Charles Debureau als Pierrot: das gibt – zumindest jenen französisierten Nachfolgefiguren der Commedia dell'arte gegenüber, die auch bei Sand ins neunzehnte Jahrhundert datieren – einen interessanten Kontrast ab; ich habe deshalb – nach dem von Migel Gosling herausgegebenen Bildband, München 1977 – eine dieser Aufnahmen mit in den Band aufgenommen. Die übrigen zwischengeschobenen Illustrationen bieten historisches Bildmaterial des siebzehnten und achtzehnten Jahrhunderts zum Vergleich aus; sie stammen aus folgenden Werken: *Arlequin Cartouche, oder der Ertz-Rauber Cartouche in der Person des Arlequins ...*, Johann Christoph Kolb, Augsburg 1722; Vito Pandolfi, *La Commedia dell'arte, Storia e testo,* Firenze 1957 ff; Allardyce Nicoll, *The World of Harlequin,* Cambridge 1963; Cesare Molinari, *Theater, Die faszinierende Geschichte des Schauspiels mit über 150 Farbbildern,* Freiburg, Basel, Wien 1975.

Übersetzungen von Szenariumstexten in ausreichender Zahl, wie sie im Italienischen in mehreren älteren und jüngeren Publikationen vorliegen – zuletzt mit der sechsbändigen Edition Vito Pandolfis –, fehlen bislang im Deutschen. Die hier abgedruckten Beispiele sind dem Commedia-dell'arte-Buch A. K. Dshiwelegows entnommen.

Zur Reproduktion der Sand'schen *Masques et Buffons* stellte die Bibliothek der Universität-Gesamthochschule Siegen ihr Exemplar zur Verfügung; dafür danke ich ihrem Direktor Dr. Walter Barton. Weiterer Dank für freundliche und nützliche Hilfe in vielerlei Hinsicht gilt Etienne Bellay.

 Gesetzt in der Schrift Bembo. Gedruckt auf holzfreies, alterungsbeständiges, mattgestrichenes Papier der Firma Papier Union, Hamburg, von der Memminger MedienCentrum AG. Gebunden in Fadenheftung von der Josef Spinner Großbuchbinderei GmbH, Ottersweier. Printed in Germany. Erste Auflage 1980.

ISBN 978-3-458-19007-3